Sport und Spiel im Kindergarten

Renate Zimmer

SPORT UND SPIEL IM KINDERGARTEN

Meyer & Meyer Verlag

Sport und Spiel im Kindergarten

Bibliografische Information der Deutschen Bibliothek
Die Deutsche Bibliothek verzeichnet diese Publikation in der Deutschen
Nationalbibliografie; detaillierte bibliografische Details sind im Internet über
<http://dnb.ddb.de> abrufbar.

Alle Rechte, insbesondere das Recht der Vervielfältigung und Verbreitung sowie das
Recht der Übersetzung, vorbehalten. Kein Teil des Werkes darf in irgendeiner Form –
durch Fotokopie, Mikrofilm oder ein anderes Verfahren – ohne schriftliche Genehmigung
des Verlages reproduziert oder unter Verwendung elektronischer Systeme verarbeitet,
gespeichert, vervielfältigt oder verbreitet werden.

© 1992 by Meyer & Meyer Verlag, Aachen
Adelaide, Auckland, Budapest, Graz, Johannesburg, Miami,
Olten (CH), Oxford, Singapore, Toronto
4., überarb. Auflage 2003
Member of the World
Sportpublishers' Association (WSPA)
Druck: FINIDR, s. r. o., Ceský Tĕšín
ISBN 3-89124-925-X
E-Mail: verlag@m-m-sports.com

INHALT

Vorweg: Ein Wort zum Sport 7

**1   Einleitung: Spiel und Bewegung –
    elementare Ausdrucksformen des Kindes** 11

**2   Ziele und Inhalte von Bewegung,
    Sport und Spiel im Kindergarten** 17

▶ 2.1 Was sollen Kinder durch Bewegung,
        Sport und Spiel lernen?
        – Ziele der Bewegungserziehung im Kindergarten 18
▶ 2.2 Zur Auswahl der Inhalte 24
▶ 2.3 Anregen, Betreuen, Mitmachen –
        methodische Aspekte zur Vermittlung
        von Bewegung, Sport und Spiel 27

3   Anregungen zur Praxis 31

▶ 3.1 Allerlei Bälle 33
        ◆ Luftballons 34
        ◆ Luftballons und Tischtennisschläger 36
        ◆ Medizinbälle und Wasserbälle 36
        ◆ Kombination mit einem Tischtennisschläger 37
        ◆ Tennisbälle und Softbälle 38
▶ 3.2 Seile und Schnüre 40
        ◆ Bewegungsspiele mit dem Springseil 42
        ◆ Die Zauberschnur 44
        ◆ Ziehtau 46
▶ 3.3 Teppichfliesen und Matratzen 48
        ◆ Spielideen mit Teppichfliesen 49
        ◆ Matratzen und Schaumstoffteile 51

Sport und Spiel im Kindergarten

▶	3.4	Zeitungen und Tücher 53
		◆ Spielideen 53
		◆ Tücher und Stoffreste 58
▶	3.5	Reifen und Ringe 63
		◆ Tennisringe 66
▶	3.6	Spiele für zwei 68
▶	3.7	Spiele für viele 73
		◆ Fangspiele 74
		◆ Reaktionsspiele 76
▶	3.8	Wir machen Musik 78
		◆ Rhythmisieren der Bewegungsgrundformen 80
		◆ Körpereigene „Instrumente" 81
		◆ Klanginstrumente und Geräuschmaterialien 83
		◆ Musik und Bewegungsimprovisation 87
▶	3.9	Spiele im Wasser 90
		◆ Bewegungsspiele im Wasser 91

◆	4	Zur Planung und praktischen Gestaltung von Bewegungsstunden 97
▶	4.1	Offene Bewegungsangebote und geplante Übungsstunden 97
▶	4.2	Planung und Offenheit – ein Gegensatz? 98
▶	4.3	Aufbau und zeitliche Gliederung 99
▶	4.4	Beispiel für die Gestaltung einer Bewegungsstunde ...100

| ◆ | 5 | Literatur |

Hinweise auf Medien und Materialien 105
Bildnachweis 109

Vorweg

VORWEG – EIN WORT ZUM SPORT

„Was will der Sport im Kindergarten?" – Das wird die erste Reaktion von Erziehern sein, wenn sie den Titel dieses Buches lesen.

Spielen – ja, aber Sport – da kann man doch nicht genug aufpassen, dass nicht schon die Vierjährigen einen Tennisschläger in die Hand bekommen oder als zukünftiger Nachwuchs des Fußballvereins gesehen werden!

Tatsächlich kann der Begriff *Sport* irreführend sein und Missverständnisse auslösen. Durch die Medien und durch den Sport der Erwachsenen ist er festgelegt auf bestimmte Bewegungsformen und auf Sportarten, die in der Welt des Kindes (noch) keinen Platz haben (sollten).

Spiel und Sport erscheinen auf den ersten Blick als gegensätzliche, einander fast ausschließende Bereiche: Das Spiel stellt dabei die offenere, zwecklose und gegenwartsbezogene Betätigung dar, Sport wird dagegen als festgelegtere, reglementierte, geschlossene Form des Sichbewegens verstanden.

Diese Unterscheidung ist aus der Sicht der Erwachsenen verständlich und sinnvoll, sind die Erscheinungsformen des Sports doch hier vor allem geprägt durch Merkmale der Maximierung von Leistungen, der Überbietung und der Normierung von Bewegungen.

Aus der Sicht von Kindern ist Bewegung, Spiel und Sport dagegen nicht voneinander zu trennen, für sie ist es eine und dazu eine sehr wichtige Sache. Der Streit um Begriffe ist ihnen fremd, das Spiel wird zum Sport, der Sport zum Spiel und beiden gemeinsam ist die Bewegung, die beides miteinander verbindet.

Mühelos machen sie sich auch die Welt des Sports zu Eigen, wenn sie z. B. einen Ball, der gerade zuvor noch im Rollenspiel das Baby in einem Kinderwagen darstellte, auf ein aus Kisten und Brettern gezimmertes Tor kicken, wenn sie Mannschaften bilden und Tore zählen und dabei oft genug vor Begeisterung auch ins eigene Tor zielen.

Sport und Spiel im Kindergarten

Vorweg

In verantwortlicher und kindgemäßer Weise betreut, haben Kinder daher schon sehr früh eine positive Beziehung zum Sport. Im Familienturnen, in Eltern-Kind-Gruppen und im Kinderturnen der Vereine finden Kinder – kaum, dass sie laufen können – bereits die Möglichkeit, Bewegungs- und Spielerfahrungen zu sammeln.

Kindliche Bewegungsspiele können, je nach Institution oder Einstellung der Eltern, der Übungsleiter oder der Erzieher, sich mehr in der Welt des Spiels oder eben mehr in der des Sports abspielen.

Um allen Missverständnissen vorzubeugen:

Sport im Kindergarten muss einzig und allein Spiel bleiben, auch wenn Kinder hier bereits Ideen und Bewegungsformen, die sie aus der Welt des Erwachsenensports übernommen haben, in ihr alltägliches Spiel einbringen. Der Kindergarten ist nicht der Ort zum Erlernen sportspezifischer Fertigkeiten. Vielmehr müssen Sport und Spiel in eine möglichst vielgestaltige Bewegungsförderung und Bewegungserziehung einbezogen werden. **Das Kind soll Gelegenheit haben, sich selbst, seinen Körper und seine dingliche und räumliche Umwelt über Bewegung kennen zu lernen und vielseitige Körper-, Bewegungs- und Sinneserfahrungen zu machen.** Damit wird die Basis für eine gesunde, harmonische Persönlichkeitsentwicklung gelegt, aber auch die Voraussetzungen für ein später darauf aufbauendes Sporttreiben geschaffen.

Deswegen bedeutet die Einbindung von Bewegung in die alltägliche Arbeit des Kindergartens auch nicht, Kinder zum Sport zu erziehen, sondern **durch Sport zur ganzheitlichen Erziehung beizutragen.**

Da es sich bei diesem Buch um die – grundlegend überarbeitete – Neuauflage eines im Kindergarten bereits sehr gut eingeführten Werkes handelt, wollten wir – Autorin und Verlag – den Titel nicht verändern, obwohl nach heutigen Überlegungen die Bezeichnung „Bewegung und Spiel im Kindergarten" wohl eindeutiger und weniger missverständlich gewesen wäre.

Das Anliegen, das mit dem Buch verfolgt wird, ist jedoch unabhängig von Begriffen und terminologischen Spitzfindigkeiten: Es soll Erziehern, Übungsleitern und Eltern möglichst viele Anregungen geben, wie sie mit Kindern spielen, sich bewegen und auf eine kindgerechte Art Sport treiben können.

Sport und Spiel im Kindergarten

Besonders angesprochen werden dabei Erzieher und Pädagogen in Kindergärten und Spielkreisen, da hier neben dem Elternhaus ein ganz wesentlicher Ansatzpunkt für eine kind- und bewegungsgerechte Erziehung liegt.

Ebenso wendet sich das Buch an die Übungsleiter in den Vereinen, die durch ihre Spiel- und Sportangebote einen wichtigen Beitrag zur Bereicherung der Erlebnis- und Bewegungswelt der Kinder leisten.

In die Neubearbeitung des Buches flossen vor allem Überlegungen zu einer stärker **am Kind orientierten Bewegungs-, Sport- und Spielerziehung** ein. Diese wirkt sich sowohl auf die Auswahl der Inhalte als auch auf die Art und Weise ihrer Vermittlung durch die ErzieherInnen und Übungsleiter aus.

Das Buch entstand aus und in Begleitung der praktischen Arbeit mit Kindern, es ist beeinflusst durch die bei Fortbildungsveranstaltungen von Erziehern und Pädagogen gewonnenen Erfahrungen. Der Antrieb zum schriftlichen Festhalten dieser Erkenntnisse entstand jedoch vor allem aus dem Erleben, wie lustvoll und spannend es für Kinder und auch für Erwachsene sein kann, sich zu bewegen, mit dem eigenen Körper und mit allen Sinnen auf Entdeckungsreise zu gehen und dabei sich und die Welt kennen zu lernen.

Einleitung

1 EINLEITUNG: SPIEL UND BEWEGUNG – ELEMENTARE AUSDRUCKSFORMEN DES KINDES

Kinder haben ein unmittelbares Bedürfnis nach Bewegung und äußern dies in ihrem Lebensalltag auch unmissverständlich.

Kinder müssen sich bewegen,

- um sich gesund entwickeln zu können.
- um sich körperlich und seelisch wohl zu fühlen.
- um die eigenen körperlichen Fähigkeiten kennen zu lernen und weiterentwickeln zu können.
- um mit anderen Kontakt aufnehmen und mit ihnen gemeinsam spielen zu können.
- um sich die Gegenstände und Spielobjekte, mit denen sie umgehen, aneignen zu können.
- um ihre Umwelt sinnlich wahrnehmen und begreifen zu können.

Kinder leben in einer Welt des Spiels. Alles kann zum Spiel werden, die Umgebung wird spielend erkundet, Neues und Ungewohntes erforscht, Gegenstände in ihrer Bedeutung umfunktioniert.

Das Spiel beinhaltet einerseits das lustvolle Sichbewegen, andererseits aber auch die Anstrengung, ein Ziel zu erreichen, ein Wagnis endlich gelingen zu lassen.

Der Ausgang des Spiels muss unsicher und offen sein, ansonsten geht die für das Spiel so wichtige Spannung verloren. Beim Verstecken sofort gefunden zu werden, macht ebenso wenig Spaß wie in einem so sicheren Versteck zu sitzen, dass die Mitspieler es nicht entdecken.

Das Spiel ist gekennzeichnet durch Freiwilligkeit und Lustbetontheit, durch Zweckfreiheit und Gegenwartsbezug:

Sport und Spiel im Kindergarten

Einleitung

Es findet im Hier und Heute statt und ist nicht mit einem in der Zukunft liegenden Ziel verbunden. Es hat seinen Zweck in sich selbst und wird weniger um einer äußeren Sache willen betrieben. Im Spiel werden Gegensätze erzeugt und wieder aufgehoben. So ist das Spiel gekennzeichnet durch gegensätzliche und umkehrbare Rollen: Suchen und Finden, Weglaufen und Fangen; grundsätzlich kann der Läufer zum Fänger, der sich Versteckende zum Suchenden werden. Der Ausgang des Spiels muss ungewiss sein, nur so kann die Spannung erhalten werden.

Bewegung und Spiel sind für Kinder untrennbar miteinander verbunden. Viele Spiele, die sie in der Gruppe ausführen, sind Bewegungsspiele und selbst bei konzentrationsintensiven Brett- oder Puzzlespielen äußert sich ihre innere Bewegtheit auch in ihrer äußerlich sichtbaren Körperhaltung: Mit Vorliebe führen sie die Spiele am Boden liegend aus, rennen zwischendurch einmal im Raum umher und hassen nichts so sehr, wie still am Tisch zu sitzen.

Kinder braucht man nicht zur Bewegung aufzufordern, sie gehört zu ihren elementaren Bedürfnissen. Kinder tun aus eigenem Antrieb heraus das, was Erwachsene sich zum Zweck der Gesunderhaltung und der körperlichen Fitness wegen mühevoll auferlegen.

Von der Notwendigkeit ausreichender Bewegungs- und Spielmöglichkeiten als Voraussetzung für eine gesunde, harmonische Gesamtentwicklung von Kindern sind die meisten Erwachsenen heute überzeugt. Die Lebensbedingungen, unter denen Kinder heute aufwachsen, entsprechen jedoch in keiner Weise den Erfordernissen, die für eine ungestörte Entwicklung notwendig wären. Deshalb ist es heute besonders wichtig, dass Eltern, Erzieher und Lehrer sich der Einschränkungen bewusst werden, die infolge der zunehmenden Technisierung und Motorisierung der alltäglichen Umwelt auf die Entwicklung der Kinder einwirken. Diese Einflüsse wirken sich nicht nur auf die körperliche und motorische Entwicklung der Kinder aus, sondern auch auf ihre geistige und sozial-emotionale Entwicklung. Ein Kind, das kaum mehr Gelegenheit hat, seinen Körper und seine Sinne einzusetzen und damit sich selbst, aber auch seine Umwelt und seine Mitmenschen erfahren und kennen zu lernen, wird auch seine Handlungsfähigkeit und Lernmöglichkeiten nicht voll entfalten können.

Sport und Spiel im Kindergarten

Öffentliche Erziehungsinstitutionen wie Kindergärten und Spielkreisen, aber auch die Sportvereine tragen unter diesen Voraussetzungen eine besondere Verantwortung. Sie können und müssen **verloren gegangene, natürliche Bewegungsräume** ersetzen und durch kindgerechte, vielseitige Bewegungsangebote einen Ausgleich für die Bewegungseinschränkungen im Alltag schaffen. Dabei reicht es nicht aus, dem Recht des Kindes auf Bewegung durch eine Bewegungsstunde pro Woche entgegenkommen zu wollen, Kinder müssen vielmehr täglich Gelegenheit haben, ihren Körper zu erfahren, zu erproben, im Spiel einzusetzen und damit auch ihre motorischen Fähigkeiten zu verbessern.

Den pädagogischen Fachkräften in den vorschulischen Erziehungseinrichtungen Hilfen und konkrete Anregungen zum Lösen dieser Aufgaben zu geben, ist ein Anliegen dieses Buches.

Nach der Erörterung der im Kindergarten geltenden pädagogischen Zielvorstellungen und entsprechender Vermittlungsformen von Spiel und Bewegung soll vor allem die Praxis der Bewegungsangebote im Vordergrund stehen. Im zweiten Teil werden Bewegungsthemen und Beispiele vorgestellt, die Kreativität und Einfallsreichtum bei Kindern wecken und ihnen den selbstständigen Umgang mit Bewegungssituationen ermöglichen sollen.

Eine solche Übungszusammenstellung kann nur Ausschnitte aus der Vielfalt kindlicher Bewegungserziehung präsentieren. In der Realität müssen die Bewegungsangebote immer von den Kindern selbst mitgestaltet und ihre Einfälle aufgenommen werden, sodass die Inhalte einer ständigen Veränderung unterliegen.

Es hat sich allerdings gezeigt, dass die Erzieher und Lehrkräfte, die über ein reichhaltiges Repertoire an Erfahrungen verfügten und sich selbst in Bewegung und Sport sicher fühlten, auch sensibler auf Anregungen, die von Seiten der Kinder kamen, reagierten. Sie waren offener in ihrem Beobachtungsvermögen und konnten leichter auf Wünsche und Einfälle der Kinder eingehen, wenn sie selbst wussten, was sie über die Bewegungs-, Spiel- und Sportangebote bei den Kindern erreichen wollten.

Einleitung

Ob die hier zusammengestellten Spiel- und Bewegungsanregungen kreatives und exploratives Verhalten bei den Kindern hervorrufen, ist daher vor allem von der **Person des Erziehers** abhängig.

Nur ein Pädagoge, der selbst schöpferisch und spontan ist und Freude an Bewegungsspielen hat, kann sich in die Situation von Kindern einfühlen und eine entspannte, freudvolle Atmosphäre schaffen, in der die Kinder sich selbstständig mit Problemen und Aufgaben auseinandersetzen.

Wenn im Folgenden der Einfachheit halber die Bezeichnung „Erzieherin" verwendet wird, dann geschieht dies auch aus dem Wissen, dass der größte Teil der im Kindergarten tätigen pädagogischen Kräfte weiblich ist. Natürlich sind auch männliche Erzieher und Pädagogen angesprochen.

◆◆◆◆◆◆◆◆◆◆◆◆◆◆◆◆◆◆◆◆◆◆◆◆◆◆ Sport und Spiel im Kindergarten

Ziele und Inhalte

2 ZIELE UND INHALTE VON BEWEGUNG, SPORT UND SPIEL IM KINDERGARTEN

Sollen Vierjährige bereits schwimmen lernen oder ist es sinnvoller, mit ihnen einfach im Wasser zu spielen, sie planschen und baden zu lassen und sich noch wenig um ihre Schwimmfertigkeiten zu kümmern?

Und wenn ein Fünfjähriger im Kindergarten unbedingt Fußball spielen will, wenn er jeden Gymnastik-, Tennis- und Schaumstoffball mit dem Fuß auf ein imaginäres Tor befördert und von der Erzieherin verlangt, dass „jetzt doch endlich einmal richtig Sport gemacht" und daher auch Fußball gespielt werden sollte, – soll die Erzieherin diesem Wunsch nachgeben?

Die Entscheidung, welche Inhalte innerhalb der Bewegungserziehung des Kindergartens berücksichtigt werden sollen, ist abhängig von den Zielen, die die Erzieherin als wichtig erachtet. Diesen **Erziehungszielen**, – formuliert als das, was sein soll – wird auch die **Art und Weise der Vermittlung** der ausgewählten Inhalte entsprechen: Hat sie sich entschieden, dass das Schwimmenlernen ein wesentliches Ziel der Bewegungsförderung darstellt, dann wird das Baden und Planschen im Wasser in erster Linie den Wert von Wassergewöhnungsübungen haben; sie sind Voraussetzung für die möglichst ökonomisch und schnell zu erlernende Schwimmtechnik.

Einen eigenständigen Wert werden diese „Vorübungen" erst dann erhalten, wenn das Spiel im Wasser als Gelegenheit betrachtet wird, Kindern materiale Erfahrungen und elementare Körpererfahrungen zu vermitteln, indem sie z. B. die Tragfähigkeit des Wassers oder den Widerstand bei schnellen Bewegungen erleben. Im Kindergarten gibt es keine Vorschriften über die Auswahl der Inhalte der Bewegungserziehung. Die Erzieherin hat also einen großen Spielraum in ihrer Entscheidung für oder gegen bestimmte Inhalte, wobei sie diese sicherlich nicht beliebig und unreflektiert trifft. Anhaltspunkte sind vor allem allgemeine pädagogische Grundsätze, die für den Kindergarten Geltung haben und denen sich auch alle spezifischeren Inhalte unterordnen müssen.

Sport und Spiel im Kindergarten

Im Folgenden soll daher die Frage der

- **Auswahl der Inhalte** für die Bewegungserziehung im Kindergarten vor allem im Zusammenhang mit den
- **Zielen frühkindlicher Erziehung** diskutiert werden. Diesen Zielen müssen dann auch die
- **Methoden der Vermittlung** der Spiel- und Bewegungsangebote entsprechen.

▶ 2.1 Was sollen Kinder durch Bewegung, Spiel und Sport lernen? – Ziele der Bewegungserziehung im Kindergarten

Kinder bewegen sich – auch wenn damit nicht ausdrücklich pädagogische Zielvorstellungen verbunden sind. Je jünger Kinder sind, umso mehr ist ihr alltägliches Spiel ein Bewegungsspiel.

Im Kindergarten erfahren Kinder nun meist zum ersten Mal eine pädagogisch angeleitete Bewegungserziehung, d. h., hier wird Bewegung mit erzieherischen Ansprüchen verknüpft. Es werden Forderungen auf- gestellt, die eine Aussage darüber machen, was durch Bewegung beim Kind erreicht werden soll.

Pädagogisch erstrebenswerte Ziele werden als „was sein soll" formuliert. Sie geben einen Orientierungsrahmen für das erzieherische Handeln und machen Aussagen darüber, welche konkreten Absichten mit den jeweiligen inhaltlichen Schwerpunkten angestrebt werden. Diese Ziele können auf unterschiedlichen Ebenen liegen und sich auf mehr allgemein-pädagogische oder stärker fachspezifische Bereiche beziehen. Ihre pädagogische Relevanz erhalten Spiel und Sport vor allem dadurch, dass sie die **kindliche Handlungsfähigkeit** unterstützen und einen wesentlichen Beitrag zur Förderung der ganzheitlichen Entwicklung von Kindern leisten.

So haben Kinder in Bewegung, Spiel und Sport vielfältige Möglichkeiten, mit Gleichaltrigen in Kontakt zu treten, beim Spielen Regeln auszuhandeln, Absprachen zu treffen, von und mit anderen zu lernen.

Ziele und Inhalte

Bewegungserziehung im Kindergarten sollte in jedem Fall auf das Vermitteln sportartspezifischer Fertigkeiten verzichten und sich vielmehr an den Bedürfnissen und Interessen der Kinder orientieren. Dass ein Kind im Alter von sechs Jahren bereits einen Überschlag erlernen kann, ist keine Legitimierung dafür, dass es ihn auch erlernen soll. Eine pädagogisch verantwortete Bewegungserziehung muss die Entwicklung der Gesamtpersönlichkeit des Kindes berücksichtigen und die Entfaltung aller Persönlichkeitsbereiche zum Ziel haben.

Nicht immer sind die bei Bewegungsspielen ablaufenden Lernprozesse und die im Alltag gemachten Erfahrungen allerdings auch pädagogisch wünschenswert:

Kinder erleben in Bewegung auch ihre Schwächen, manche fühlen sich unterlegen, von anderen deswegen ausgelacht, sie werden vom Spiel ausgeschlossen, weil sie nicht so schnell, so stark und geschickt sind wie die anderen, weil sie sich manches (noch) nicht zutrauen und Angst davor haben, etwas nicht zu schaffen.

Wenn Bewegung in einen pädagogischen Rahmen eingebunden ist, müssen sowohl die damit verbundenen Chancen, aber auch die Gefahren gesehen werden; keineswegs löst nämlich ein Bewegungsangebot ausschließlich positive Erfahrungen bei einem Kind aus; je nach Inhalt

Sport und Spiel im Kindergarten

der Aktivitäten und je nach sozialer Zusammensetzung der Gruppe kann auch genau das Gegenteil von dem eintreffen, was im Allgemeinen einer frühen Sport- und Bewegungserziehung an entwicklungsfördernden und sozialintegrativen Auswirkungen zugeschrieben wird.

Diese Überlegungen machen deutlich, dass die Diskussion über Ziele und Inhalte der Bewegungserziehung nicht das Anliegen von Theoretikern ist; didaktische Entscheidungen haben sogar handfeste Konsequenzen für die Praxis und bedürfen daher auch einer eingehenden Reflexion.

Bewegung, Spiel und Sport im Kindergarten sollten

- dem elementaren Bedürfnis des Kindes nach Bewegung entgegenkommen.
- die Freude des Kindes an allen Bewegungsaktivitäten erhalten.
- die Förderung der körperlich-motorischen Entwicklung ermöglichen.
- das Kind in seiner Auseinandersetzung mit der dinglichen und sozialen Umwelt unterstützen.
- dazu beitragen, dass jedes Kind die Chance erhält, eine positive Beziehung zu sich selbst, zu seinem Körper und zu seinen Fähigkeiten aufzubauen.

Bewegungsaufgaben und -spiele sind meist mehreren Zielbereichen zuzuordnen. Jede Handlung enthält immer auch zugleich motorische, kognitive und soziale Anteile.

Die Erfahrung, etwas selbstständig geschafft und vielleicht zum ersten Mal ohne fremde Hilfe erreicht zu haben, bedeutet nicht nur einen Fortschritt in der motorischen Sicherheit eines Kindes, sie wirkt sich auch auf seine emotionale Stabilität aus: Selbstwertgefühl und Selbstvertrauen des Kindes werden gestärkt, Kontakte zu anderen erleichtert.

Ebenso fördern z. B. Lauf- und Fangspiele nicht nur die motorische Gewandtheit, die Reaktionsfähigkeit und die Ausdauer eines Kindes, sie vermitteln auch Einsichten in Regeln und Ordnungsformen, durch die

Ziele und Inhalte

das Spiel seine charakteristischen Eigenschaften erst erhält und durch die es variiert, umgestaltet und den individuellen Erfordernissen der Gruppe angepasst werden kann.

Die Ziele, die mit Bewegungsspielen verknüpft sind, lassen sich in der Praxis daher auch kaum voneinander trennen, meist werden mehrere Persönlichkeitsbereiche des Kindes gleichzeitig angesprochen. In der theoretischen Analyse kann man jedoch eher eine Differenzierung vornehmen und das Bewegungsangebot daraufhin abschätzen, was es für die

- sensorische und motorische (Wahrnehmung und Bewegung),
- sozial-emotionale,
- kognitive Entwicklung der Kinder bedeutet.

Dabei muss allerdings immer beachtet werden, dass sensomotorische, kognitive, emotionale und soziale Entwicklungsanteile eng miteinander verflochten sind und sich wechselseitig beeinflussen.

Vor allem sensorische und motorische Fähigkeiten werden hier als eine Einheit gesehen, da jede Bewegungshandlung gleichzeitig auch sinnliche Wahrnehmungen einschließt.

Entsprechend der o. a. Einteilung können Kindern im vorschulischen Alter folgende Erfahrungen und Fähigkeiten durch Bewegung, Sport und Spiel vermittelt werden:

Sensomotorischer Bereich

- Die Umwelt mit allen Sinnen wahrnehmen.
- Sinneswahrnehmungen voneinander unterscheiden und miteinander verbinden.
- Grobmotorische und feinmotorische Gewandtheit und Geschicklichkeit entwickeln.
- Sich im Raum orientieren.
- Die eigenen Bewegungen koordinieren.
- Situationsangemessen auf äußere Reize reagieren usw.

Sport und Spiel im Kindergarten

Ziele und Inhalte

Sozial-emotionaler Bereich

- Sich in eine Gruppe einordnen.
- Die eigenen Bedürfnisse und Interessen artikulieren.
- Die Bedürfnisse und Wünsche anderer erkennen und berücksichtigen.
- Konflikte auf verbaler statt auf handgreiflicher Ebene lösen.
- Sich mit der eigenen körperlichen Leistungsfähigkeit auseinander setzen.
- Ein realistisches, aber leistungszuversichtliches Selbstkonzept aufbauen usw.

Kognitiver Bereich

- Die Umwelt handelnd erfahren und sich mit ihren Gegebenheiten auseinander setzen.
- Die Eigenschaften von Geräten und Materialien wahrnehmen und entsprechend mit ihnen umgehen.
- Eigene Spiele entwickeln und sie anderen mitteilen.
- Spielregeln verstehen und einhalten.
- Eigene Lösungswege selbstständig finden usw.

Um diese sehr weit reichenden und auf verschiedenen Abstraktionsebenen liegenden Ziele zu erreichen, bedarf es einer anregenden Umwelt, die Kinder zum selbstständigen Tun und selbsttätigen Entdecken herausfordert.

Eine solche Umwelt schließt die Ausstattung und die räumlichen Bedingungen im Kindergarten ebenso ein wie die Einflüsse, die von personaler Seite – also von der Person der Erzieherin – kommen.

Anregungen und Herausforderungen zu Bewegung, Spiel und Sport können z. B. ausgehen von

- einem fantasieanregenden, reichhaltigen Angebot an Geräten, durch das die Eigenaktivität und die Kreativität der Kinder angesprochen wird.

Sport und Spiel im Kindergarten

- einer bewegungsfreundlichen Gestaltung des Kindergartens, die dazu beiträgt, dass Bewegung nicht nur zu feststehenden Zeiten und in einem speziellen Raum angeboten wird, sondern in das tagtägliche Spiel integriert werden kann.
- Erzieherinnen, die die Spielumwelt so arrangieren, dass Kinder in einer fröhlichen Atmosphäre zum Erkunden und Erproben der eigenen Fähigkeiten herausgefordert werden.
- Erzieherinnen, die sich selbst auch als Lernmodell für Kinder begreifen und daher bei Bewegungsspielen nicht nur Organisatoren, sondern vor allem auch Mitspieler sind.

2.2 Zur Auswahl der Inhalte

Bei der Gestaltung von Bewegungsangeboten greifen Erzieherinnen und Pädagogen oft auf Erfahrungen zurück, die sie selbst im Sport gemacht haben.

So halten sich über Generationen hinweg Spiele wie „Die Reise nach Jerusalem", „Völkerball" oder „Katz und Maus", obwohl ihr pädagogischer Wert höchst fragwürdig ist und dies auch den betreffenden Erzieherinnen und Lehrkräften zum Teil sogar bewusst ist.

Oft sind die Spiele nämlich mit der Aussonderung schwächerer Mitspieler verbunden. Sie lassen gerade den Kindern, die ein häufiges Üben ihrer Bewegungsfähigkeiten besonders nötig hätten, kaum die Chance, ohne Erfolgsdruck und Gruppenzwang im Spiel mitzumachen und bringen häufig Misserfolgserfahrungen mit sich.

Bei der Auswahl der Inhalte sollte die Erzieherin sich daher zunächst daran orientieren, was den Kindern selbst Freude bereitet, was sie sich an Bewegungsspielen wünschen und welche komplexeren Spielsituationen sie aus einzelnen Spielideen selbst entwickeln.

Um überhaupt herauszufinden, welche Bewegungsspiele Kinder bevorzugen, ist es hilfreich, als Erstes **offene Angebote** mit unterschiedlichen „Stationen" zu schaffen. Hier können die Kinder frei wählen und auch selbst entscheiden, bei welchem Bewegungsangebot sie über längere Zeit verweilen wollen.

Ziele und Inhalte

Ebenso können den Kindern unterschiedliche Materialien zur Verfügung gestellt werden, aus denen sie sich das heraussuchen können, was ihren Spiel- und Bewegungsbedürfnissen am ehesten entspricht.

Durch intensive **Beobachtung des Verhaltens der Kinder** wird die Erzieherin schnell herausfinden, wo die Schwerpunkte der Interessen in der jeweiligen Gruppe liegen. Diese Schwerpunkte können dann aufgegriffen und erweitert werden.

Durch Impulse von Seiten der Erzieherin und durch Einbringen neuer Ideen soll auch gewährleistet werden, dass das Bewegungsrepertoire der Kinder sich erweitert und sie auch neue Bewegungserfahrungen gewinnen.

Bei der Auswahl der Inhalte einer vorschulischen Sport- und Bewegungserziehung sollten folgende Fragen bedacht werden:

- ◆ Entspricht das Angebot dem Bedürfnis des Kindes nach Spiel und Bewegung?
- ◆ Fordern die Bewegungsaufgaben Kinder zu selbstständigem Handeln und eigenständiger Auseinandersetzung heraus?

Sport und Spiel im Kindergarten

> - Entsprechen auch die Organisationsformen den kindlichen Bewegungsbedürfnissen oder schränken sie diese sogar ein (z. B. Schlange stehen vor Geräten, langatmige gymnastische Übungen)?
> - Berücksichtigt das Spielangebot auch die damit verbundenen sozialen und emotionalen Erfahrungen der Kinder (werden einzelne Kinder z. B. schnell aus dem Spiel ausgeschlossen, provoziert die Aufgabenstellung Wetteifer und Konkurrenzsituationen)?
> - Entspricht die Geräteauswahl und das Material der Neugierde und Entdeckungsfreude der Kinder? Gibt es hier überhaupt etwas zu entdecken und lassen die Aufgabenstellungen es zu?
> - Ermöglichen die Bewegungsaufgaben und -angebote jedem Kind individuelle Lösungsmöglichkeiten und geben sie somit allen Kindern auch bei unterschiedlicher Leistungsfähigkeit die Chance, Könnenserlebnisse zu haben?

Bei Kindern im vorschulischen Alter ist zwar schon das Bedürfnis zu erkennen, dass sie bei Spielen schneller, besser oder stärker sein wollen als andere. Trotzdem sollte dieses Wetteiferverhalten nicht noch durch konkurrenzorientierte Spiele unterstützt werden. Der Spaß an der Bewegung sollte größer sein als der Wunsch, ein anderes Kind zu übertrumpfen.

Auch im Kindergarten können allerdings Spiele, bei denen es Gewinner und Verlierer gibt, nicht ganz ausgeschlossen werden.
   Die Erzieherin sollte dabei jedoch darauf achten, dass die Kinder lernen, mit den dabei entstehenden Gefühlen umzugehen.
   Schwächere Kinder sollten z. B. Gelegenheit erhalten, auch ihre besonderen Stärken einmal zu zeigen (wenn sie z. B. mit Geräten etwas Besonderes gebaut haben).

Die Bewegungsangebote sollten sich auch weder an Sportarten orientieren noch als möglichst frühzeitige Hinführung zu bestimmten Formen des Sports verstanden werden. Vorschulische Bewegungs- und Sporterziehung sollte vielmehr aus spielerischen und variationsreichen Bewegungsangeboten bestehen, die Kindern vielseitige und erlebnisbetonte Erfahrungen vermitteln.

Ziele und Inhalte ••

Zu den Inhalten vorschulischer Bewegungserziehung zählen vor allem Spiele, die die **Grundformen der Bewegung,** wie z. B. das Gehen, Laufen, Hüpfen, Springen, Krabbeln, Kriechen, Klettern, Steigen, Rutschen, Rollen, Ziehen, Schieben, Werfen, Schaukeln und Schwingen ansprechen und üben.

Diese Bewegungsgrundformen setzen Kinder im Umgang mit Geräten und Spielsituationen ein. Sie üben dabei – ohne dass dies besonderer Lenkung und Kontrolle durch die Erzieherin bedarf – ihre motorischen Fähigkeiten.

Anlass dazu sind interessante Objekte und Geräte, die das Interesse der Kinder wecken, Spielsituationen, die sie nach eigener Fantasie ausgestalten können oder Bewegungsspiele, die gemeinsam mit anderen Kindern arrangiert werden.

Je nach örtlichen und jahreszeitlichen Gegebenheiten können auch die Räume des Kindergartens verlassen und neue Erfahrungsbereiche aufgesucht werden. So stellen Schnee und Eis besondere Herausforderungen an die motorische Anpassungsfähigkeit der Kinder und ebenso kann das Wasser als Medium vielseitiger Körper- und materialer Erfahrungen einbezogen werden.

Zur Erfüllung der kindlichen Bewegungsbedürfnisse bedarf es sowohl freier, offener Bewegungsgelegenheiten als auch betreuter Bewegungszeiten, in denen die Erzieherin das Angebot stärker strukturiert und auch gemeinsame Bewegungsspiele anregt.

2.3 Anregen, Betreuen und Mitmachen – methodische Aspekte zur Vermittlung von Bewegung, Spiel und Sport

Im Kindergarten geht es nicht darum, einzelne Bewegungsformen zu üben oder eine Abfolge von Übungen zu absolvieren. Vielmehr gilt es, Bewegungsgelegenheiten bereitzustellen, die dem Bedürfnis der Kinder nach selbstständigem Entdecken und selbsttätigem Aneignen entgegenkommen. Hier sollten sie sich möglichst selbstbestimmt und frei bewegen können und nicht durch Anweisungen, Korrekturen oder Anleitungen in ihrer spontanen Bewegungsfreude eingeschränkt werden.

Vormachen und Nachmachen als traditionelle Methode des Fertigkeitserwerbs haben im Kindergarten also keinen Platz, allenfalls kann das Mitmachen der Erzieherin oder die Beobachtung des Verhaltens anderer Kinder zur Nachahmung anregen. Dies geschieht jedoch meist unbemerkt und ohne äußere Steuerung.

Mit unbekannten Geräten wollen Kinder z. B. zunächst experimentieren, bekannte Objekte funktionieren sie manchmal einfach in ihrem Verwendungszweck um und geben ihnen eine neue Bedeutung. Sie wollen alle Seiten der Gegenstände kennen lernen und dazu brauchen sie Zeit und Gelegenheit zum Erproben spontaner Einfälle. In welche Spielidee das Gerät von ihnen eingebunden wird, ist von der Erzieherin kaum vorhersehbar.

Für alle Bewegungsaufgaben gibt es nicht eine, sondern unterschiedliche Lösungswege, sie sind abhängig vom Einfallsreichtum der Kinder, aber auch von ihren individuellen Bewegungsvoraussetzungen.

Offene, freie Bewegungsaufgaben können von den Kindern auf verschiedene Weise gelöst werden. Heißt die Aufgabe etwa: „Wie kommt man auf einen hohen Kasten?", so kann man an den seitlichen Grifflöchern hinaufklettern, man kann Gegenstände oder Geräte herbeitransportieren, die als Treppe genutzt werden können oder der Kasten kann von mehreren Kindern zu einer weniger hohen Aufstiegsfläche geschoben werden, von wo aus er dann erklettert wird (vgl. ZIMMER, 1996, S. 33ff.).

Den Erfolg bei der Bewältigung der Aufgabe erfahren die Kinder unmittelbar, wenn sie auf dem Kasten stehen und den Weg nach oben selbstständig, ohne fremde Hilfe, gefunden haben. Wichtig für die Kinder ist hierbei vor allem das Wissen, dass nicht eine einzige Lösung die richtige ist, sondern dass es immer mehrere Möglichkeiten gibt, ein Problem zu lösen.

Ziele und Inhalte

Um ein solches Problemlösevermögen anzuregen, sollte die Erzieherin den Kindern Raum und Zeit lassen für selbstbestimmtes Spielen. Dabei kann sie Impulse geben, Hilfen dort bereitstellen, wo sie angefordert werden, sie kann mitmachen und Spielsituationen so arrangieren, dass Kinder sie selbstständig bewältigen können. Sie bringt Ideen ein, die die Kinder in ihrem Spielprozess unterstützen und ihr Handlungsrepertoire erweitern, sollte aber nicht zu stark eingreifen und damit das Spiel in eine bestimmte Richtung lenken.

Die Erzieherin muss in ihrem Verhalten also die Balance halten zwischen **Gewährenlassen und Vorgeben**; sie sollte die Kinder weder völlig sich selbst überlassen noch zu sehr in ihren Spielideen steuern (vgl. ZIMMER, 2001). Die Kinder müssen vor allem genügend Spielraum haben, damit ihre Fantasie sich entfalten und ihr Kreativitätspotenzial sich entwickeln kann.

So werden nicht nur sensomotorische, sondern auch kognitive, emotionale und soziale Fähigkeiten angesprochen und gefördert.

Die Frage nach der Art und Weise, wie Bewegung, Sport und Spiel Kindern vermittelt werden, ist in hohem Maße abhängig von den Zielen, die für die pädagogische Arbeit im Kindergarten maßgeblich sind. Sie können daher auch nicht unabhängig von dem, was Kinder durch Bewegung lernen sollen, diskutiert werden.

Sport und Spiel im Kindergarten

3 ANREGUNGEN ZUR PRAXIS

Im Folgenden soll anhand von praktischen Beispielen die Vielfalt von Bewegung, Sport und Spiel aufgezeigt werden.

Dabei werden insbesondere die im Kindergarten vorhandenen räumlichen und materialen Voraussetzungen berücksichtigt. Da nur die wenigsten Kindergärten über Bewegungsräume verfügen, die mit Großgeräten ausgestattet sind, stehen hier vor allem Bewegungsangebote mit Kleingeräten, mit Alltagsobjekten und manchmal auch scheinbar „wertlosen" Materialien im Vordergrund.

Der Einsatz dieser Geräte ist nicht an das Vorhandensein eines speziellen Bewegungsraums gebunden. Trotzdem wäre es für jeden Kindergarten wünschenswert, dass er über einen ausreichend großen Raum, der für Bewegungsangebote geeignet ist, verfügt.

Nur hier können Kinder die für ihre Altersstufe typischen Bewegungsbedürfnisse ungehindert ausleben und die für ihre gesamte Persönlichkeitsentwicklung so notwendigen und sinnvollen Bewegungs- und Körpererfahrungen machen.

In das folgende Anregungsangebot werden auch Spiele mit **Alltagsmaterialien** einbezogen, die auf den ersten Blick gar nicht für Bewegungsspiele konzipiert sind und auch bei Kindern vielleicht zunächst Befremden auslösen.

Die Überflutung mit Spielmaterialien, die eine ganz bestimmte Handhabung erfordern, führt bei Kindern häufig dazu, dass sie die Verwendungsmöglichkeiten der Spielgeräte gar nicht mehr herauszufinden versuchen, sondern sie nur noch in ihrem vorgesehenen und damit in einem eingeschränkten Verwendungszusammenhang wahrnehmen.

So sind viele Kinder heute kaum mehr spielfähig, d. h., das Kind entscheidet nicht mehr selbst, wie und was es spielt, sondern es lässt sich von der Funktionalität der Spielgeräte lenken. Es macht sich die Geräte nicht mehr passend, indem es ihnen eine eigene Bedeutung gibt, sondern es passt sich dem von den Herstellern vorgesehenen Zweck an.

Die Verwendung ungewöhnlicher Materialien lässt Kinder kreative und zweckentfremdete Einsatzmöglichkeiten erkennen. So erfahren sie z. B., wie auch scheinbar eindeutige Dinge wie eine Zeitung oder ein Staubtuch im Spiel eine neue Bedeutung erlangen können. Der Spielwert dieser Materialien muss allerdings erst von den Kindern entdeckt werden. Dabei können anfangs Impulse durch die Erzieherin erforderlich sein, um den Kindern den Anstoß für die erweiterte Sicht der Verwendungsmöglichkeiten der Materialien zu geben.

Die folgenden Spiel- und Übungsanregungen sind als Beispiele für den Einsatz kindgerechter, fantasieanregender Geräte gedacht.

Die Unterscheidung in einzelne Gerätegruppen erfolgt dabei in erster Linie unter pragmatischen Gesichtspunkten. Geräte mit ähnlichen Eigenschaften werden zusammengefasst, Alternativen dazu angegeben und mögliche Spielideen vorgestellt.

Es liegt auf der Hand, dass diese Spielideen Kindern nicht einfach vorgegeben oder sogar „vorgemacht" werden sollten; Kinder sollten selbst entdecken, zu welchen Bewegungsspielen sich ein Luftballon eignet und auf welch unterschiedliche Weise sich ein Reifen rollen lässt.

Für die Erzieherin kann es allerdings sehr wichtig sein, die vielfältigen Spiel- und Bewegungsmöglichkeiten, die der Einsatz der Geräte mit sich bringt, zu kennen, nur dann ist ihre Beobachtung offen und sensibel genug für das, was Kindern damit einfällt. So kann sie das Spiel der Kinder begleiten, kann einzelne Einfälle der Kinder verstärken, sie an die gesamte Gruppe weitergeben oder ein gemeinsames Spiel daraus entwickeln.

Anregungen zur Praxis ••••••••••••••••••••••••••••••••••

3.1   Allerlei Bälle

*– Große und kleine,
leichte und schwere,
harte und weiche,
laute und leise,
schwebende und rollende ... –*

Ein Luftballon schwebt, ein Tischtennisball „klackt", den Medizinball kann man kaum tragen, so schwer ist er. Im Spiel mit verschiedenartigen Bällen erfahren die Kinder deren unterschiedliche Beschaffenheit und lernen, sich in ihren Bewegungen darauf einzustellen.

Zunächst können alle vorhandenen Bälle gleichzeitig eingesetzt werden, um auszuprobieren, welche Gemeinsamkeiten und Gegensätze die Spielobjekte haben. Später konzentriert sich das Spiel auf jeweils ein bestimmtes Gerät, das dann in seiner vielfältigen Verwendungsfähigkeit gemeinsam erprobt wird. Die Materialien sind untereinander austauschbar, z. B. kann der Tischtennisschläger statt mit dem Luftballon auch mit einem Gymnastikball oder einem Softball kombiniert werden. Wo keine Tischtennisschläger vorhanden sind, können auch Frühstücksbrettchen oder Frisbeescheiben verwendet werden.

Sport und Spiel im Kindergarten

Luftballons

Das Spiel mit Luftballons ermöglicht Kindern einen behutsamen Einstieg in den Umgang mit Bällen. Das leichte, weiche, durchsichtige Material lässt auch zurückhaltende Kinder die Angst vor dem sich bewegenden Gerät verlieren. Das langsame Schweben des Ballons unterstützt die Anpassungsfähigkeit des Kindes an die Bewegungen des Ballons, es hat genügend Zeit, sich auf ihn einzustellen und die eigenen Bewegungen mit denen des Geräts zu koordinieren.

Anregungen zur Praxis

Erste Versuche des Werfens und Fangens gelingen mit einem Luftballon am besten, die Koordination von Auge und Hand kann bewusst verfolgt und gesteuert werden. Damit stellt der Luftballon ein ideales Gerät für die Bewegungserziehung im vorschulischen Alter dar. Hinzu kommt, dass er mit vielen anderen Geräten kombiniert werden kann und dass Kinder immer wieder vom Spiel mit den Ballons fasziniert sind.

Im freien Umgang mit den Ballons erproben die Kinder deren Spielmöglichkeiten.

Beispiele

- Der Ballon soll mit verschiedenen Körperteilen hochgespielt werden.
- Welche Körperteile eignen sich hierzu besonders gut (Finger, Handrücken, Unterarme, Knie, Füße usw.)?
- Den Ballon auf den Fingerspitzen zu balancieren versuchen und damit durch den Raum gehen.
- Den Ballon von einem Körperteil auf einen anderen zu übergeben versuchen: Von der Hand auf das Knie, vom Knie zum Arm usw.
- Auch durch Pusten kann man den Ballon in Bewegung versetzen (in der Bauchlage über den Boden pusten oder aber auch im Stehen und Laufen).
- Fußballspieler würden den Ballon nur mit den Füßen oder Knien hochspielen. Welche Körperteile dürfen Fußballspieler noch zum Anstoß des Balls benutzen? Kann man auch den Luftballon mit dem Kopf wegstoßen?
- Den Ballon zwischen zwei Körperteile einklemmen und vorsichtig eindrücken, ohne dass er platzt.
- Ein Kind versucht, zwei Ballons gleichzeitig auf den Händen zu balancieren.
- Partneraufgabe: Zwei Kinder halten ihre Ballons jeweils am Knoten fest und spielen sich damit einen dritten Ballon gegenseitig zu.
- Mehrere Kinder spielen mit einem Luftballon, sie einigen sich untereinander, mit welchem Körperteil das Zuspiel erfolgt.

Sobald der Ballon den Boden berührt, wird der Körperteil gewechselt.

Sport und Spiel im Kindergarten

Luftballons und Tischtennisschläger

Im freien Spiel können die Kinder ausprobieren, was man mit dem Tischtennisschläger (oder mit einem Frühstücksbrettchen) und dem Luftballon machen kann.

Beispiele

- Den Ballon auf dem Tischtennisschläger durch den Raum tragen (z. B. einen Kellner in einem Restaurant spielen, der einem Gast einen „gebratenen Luftballon" servieren soll).
- Mit dem Ballon durch den Raum laufen. Wie muss man den Schläger halten, damit der Ballon auch beim Laufen nicht herunterfällt?
- Den Ballon mit dem Schläger auf den Boden prellen.
- Den Ballon an die Wand zu schlagen versuchen.
- Partnerspiele: Zwei Kinder spielen sich einen Ballon gegenseitig mit dem Schläger zu.

Medizinbälle und Wasserbälle

Für Kinder kann es reizvoll sein, die schweren Medizinbälle und die gleich großen, aber federleichten Wasserbälle gleichzeitig zu benutzen. Sie finden selbst heraus, welche Bewegungsspiele nur mit dem Medizinball und welche dagegen nur mit dem Wasserball möglich sind.

Beispiele

- Den Ball kreuz und quer durch den Raum rollen und ihn immer wieder einzuholen versuchen.
- Sich auf den Ball setzen, sich mit dem Bauch darauf legen.
- Den Ball auf einen Tennisring legen und dann auf ihm zu balancieren versuchen (im Knien, im Stehen). Zur Sicherheit kann man sich dabei von einem anderen Kind helfen lassen oder sich an der Sprossenwand festhalten.
- Den Wasserball hochwerfen und ihn wieder aufzufangen versuchen.
- Sich einen Ball mit anderen Kindern auf verschiedene Art zurollen (im Sitzen oder in der Bauchlage).

Anregungen zur Praxis

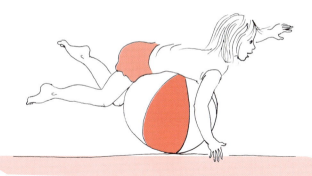

Kombination mit einem Tischtennisschläger

Auch Medizinbälle und Wasserbälle lassen sich mit dem Tischtennisschläger (oder Frühstücksbrettchen o. Ä.) kombinieren. Die Kinder finden selbst schnell neue Verwendungsmöglichkeiten.

Beispiele

- Den Medizinball mit dem Schläger über den Boden treiben und ihn so durch den ganzen Raum rollen.
- Sich vor den Medizinball setzen und auf ihm mit dem Schläger trommeln.
- Zu zweit sich den Wasserball mit dem Schläger über den Boden zuspielen.

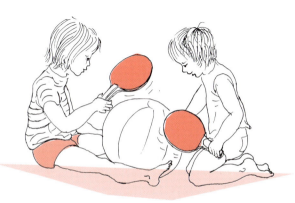

Sport und Spiel im Kindergarten

Tennisbälle und Softbälle

Abgespielte Tennisbälle kann man leicht von Tennisklubs oder durch eine Sammlung bei den Eltern erhalten. Für Kinderhände sind die kleinen Bälle sehr gut zum Werfen geeignet.

Softbälle sind in unterschiedlichen Größen erhältlich, sie sind aus Schaumstoff und daher weich, lautlos und tun auch nicht weh, wenn aus Versehen ein Kind einmal von einem Ball getroffen wird. Im freien Spiel steht daher auch das Zielwerfen mit den Tennisbällen und das gegenseitige Abtreffen mit den Softbällen im Vordergrund. Die Zielflächen, die für das Spiel benutzt werden, können dabei immer wieder abgewandelt werden.

Beispiele

- Auf die Wände werden verschiedene Zielflächen gemalt (kleine und große Kreise, Vierecke, Mondgesichter usw.), die mit dem Tennisball oder mit dem Softball getroffen werden sollen.
- Mit welchem Ball ist das Zielwerfen leichter, mit dem etwas schwereren Tennisball oder mit dem leichten Softball?
- Ein Reifen wird an einem Seil befestigt und an die Decke gehängt. Die Kinder versuchen, die Bälle durch den Reifen zu werfen.
- Auf einen Kasten oder einen Tisch werden mehrere Blechdosen gestellt. Die Kinder sollen ausprobieren, aus welchem Abstand sie die Dosen treffen können.

Anregungen zur Praxis

- Wie auf dem Jahrmarkt werden viele Dosen aufeinander gestapelt. Der Lärm, der entsteht, wenn die Dosen bei einem Treffer zusammenfallen, ist für Kinder die Belohnung für einen erfolgreichen Versuch (falls der Erzieherin der Lärm zu groß ist, können anstelle der Dosen auch Pyramiden aus Schuhkartons aufgebaut werden).
- Auch im Freien, auf einer Wiese oder auf dem Spielgelände kann man ausprobieren, wie weit man mit dem Tennisball werfen kann.
- Die Bälle sollen mit den Füßen in ein „Tor" (Türrahmen, Kastenteile, umgedrehte Tische) „geschossen" werden. Hierzu sind die dickeren Schaumstoffbälle am besten geeignet, da bei ihnen das Treffen des Balls mit dem Fuß weniger schwierig ist als bei einem kleineren Tennisball.

Sport und Spiel im Kindergarten

Viele der hier angeführten Spielideen und Übungsbeispiele können auch mit Gymnastikbällen oder den bunten Plastikbällen, die im Spielwarenhandel erhältlich sind, durchgeführt werden.

Die Bewegungsmöglichkeiten können noch ergänzt werden durch Formen des Werfens und Fangens, des Prellens oder Rollens, die sich im Spiel mit dem Ball wie von selbst ergeben. Hier gilt die Faustregel: Je kleiner der Ball ist, umso besser ist er zum Zielwerfen geeignet, je größer und leichter er ist, umso eher werden die Kinder versuchen, ihn zu werfen und zu fangen.

Insgesamt ist der Ball eines der traditionellen Spielgeräte, die, unabhängig vom Alter, Kinder immer wieder faszinieren und ihre Fantasie wie auch ihre motorischen Fertigkeiten wie kein anderes Material heraus-fordern.

3.2 Seile und Schnüre

*– Zum Ziehen und Fangen,
Kriechen und Springen,
Greifen und Balancieren,
Laufen und Hüpfen –*

„Gummitwist", wer kennt das Hüpfspiel nicht, das auf jedem Schulhof, auf Bürgersteigen und sogar in engen Hausfluren – vor allem von Mädchen – gespielt wird.

Sicherlich war für die Erfindung dieses Spiels keine Erklärung, Hinführung oder Anregung von Seiten der Erwachsenen erforderlich, ein langes Stück Gummiband genügte, um ein sehr bewegungsintensives und abwechslungsreiches Spiel, das eine Gruppe von mindestens 2-3 Kindern voraussetzt, zu erfinden.

Auch mit einem Seil oder einem Tau werden Kinder schnell immer wieder neue Verwendungsmöglichkeiten finden, eigene Ideen entwickeln oder sich von den Spielen älterer Kinder einiges abschauen.

Anregungen zur Praxis

Sport und Spiel im Kindergarten

Das für Erwachsene selbstverständliche Springen mit dem Seil gelingt allerdings nur ganz wenigen Kindern im vorschulischen Alter. Sie können das Schwingen und Springen kaum miteinander kombinieren und müssen beides erst einmal getrennt voneinander üben.

Seile werden von Kindern dagegen mit Vorliebe zum „Pferdchenspielen" benutzt, das Seil bildet dabei die Zügel, die einem Kind um die Schultern gelegt werden, während ein anderes die Zügel hält und als „Reiter" oder „Kutscher" mit dem Pferdchen davongaloppiert. Bei gemeinsamen Bewegungsspielen in der Gruppe kann das Seil auch zum Balancieren, als Hindernis zum Übersteigen und Überspringen oder zu Tast- und Geschicklichkeitsspielen verwendet werden.

Bewegungsspiele mit dem Springseil

Beim freien Spielen mit dem Seil sollten die Kinder zunächst herausfinden, zu welchen Bewegungs- und Spielformen sich das Seil eignet.

Aus den von den Kindern gefundenen Beispielen kann die Erzieherin einige Spielideen herausgreifen und daraus Angebote für die gesamte Gruppe entwickeln.

Beispiele

„Hindernisse überqueren"
Die Seile werden in einer geraden Linie auf den Boden gelegt. Die Kinder benützen sie als Hindernisse zum Überspringen und zum Drumherumlaufen. Jeder soll selbst herausfinden, welche Arten von Sprüngen sich dafür eignen (beidbeinig, einbeinig, mit den Händen auf den Boden stützen und mit den Füßen nachspringen, Sprünge mit Drehungen usw.).

„Gräben überspringen"
Jeweils zwei Seile werden so nebeneinander gelegt, dass zwischen ihnen ein Graben entsteht. Die Gräben sollten unterschiedlich breit sein: „Stellt euch vor, das wären alles Wassergräben, die ihr überspringen wollt. Sucht euch den Graben aus, von dem ihr glaubt, dass ihr ihn

Anregungen zur Praxis

überqueren könnt. Die schmalen Gräben kann man vielleicht mit beiden Füßen gleichzeitig, die breiteren mit Anlauf und einbeinigem Absprung überqueren."

„Figuren legen"
Mit dem Seil können Figuren auf den Boden gelegt werden (Kreise, Dreiecke, Vierecke, Herzen, Häuser, Schnecken, Buchstaben usw.). Ein Kind kann auch eine Figur vorlegen, alle anderen versuchen, mit ihrem Seil eine ähnliche Form zu legen.

Wenn es die Konzentrationsfähigkeit der Kinder zulässt, können sie auch versuchen, mit geschlossenen Augen das Seil einer Freundin oder eines Freundes zu ertasten und herauszufinden, ob sie damit einen Kreis (Ei) oder ein Viereck (Blatt Papier) gelegt haben.

„Seiltransport"
„Kann man das Seil auch mit den Zehen greifen (barfuß)? Versucht herauszufinden, wie ihr das Seil mit den Zehen aufgreifen müsst, damit ihr es auch beim Hüpfen durch den Raum nicht verliert.
   Bringt alle Seile in eine große Kiste, benutzt dabei aber möglichst nur eure Füße."

Sport und Spiel im Kindergarten

„Zirkusseile"

Das Seil liegt in einer langen Linie auf dem Boden. Die Kinder sind Zirkusartisten, die aber zuerst noch in die Balancierschule gehen müssen. Sie versuchen, (barfuß) auf dem Seil zu balancieren.

Damit die Artisten ganz sicher werden, balancieren sie ab und zu auch einmal mit geschlossenen Augen. Finden sie heraus, wann das Seil zu Ende ist?

Auf dem Seil kann man auch ein Kunststück wagen: Hochspringen und mit beiden Füßen wieder auf dem Seil landen oder sich beim Balancieren drehen.

„Auf die Schlange treten"

Die Erzieherin schlängelt das Seil über den Boden. Die Kinder versuchen, mit den Füßen auf die „Schlange" zu treten (dabei sollten entweder alle Kinder Schuhe tragen oder alle barfuß sein).

Wer das Seil berührt, darf es bei der nächsten Spielwiederholung schlängeln lassen.

Bei einer größeren Gruppe können mehrere Kinder gleichzeitig ein Seil als Schlange benutzen.

„Schwingende Seile"

Zwei Kinder halten ein Seil jeweils an den Endknoten. Sie lassen es hin- und herpendeln, während die anderen versuchen, über das schwingende Seil zu laufen, ohne es zu berühren. Die Erzieherin kann die Kinder dazu auffordern, herauszufinden, wann es leichter ist, das Seil zu überqueren: Wenn das Seil auf sie zu- oder von ihnen wegschwingt?

Die „Zauberschnur"

Die Zauberschnur ist ein langes, elastisches Seil, das sich vor allem für Bewegungsangebote mit der ganzen Gruppe eignet.

Beispiele:

„Hohe Schnur – tiefe Schnur"

Die Zauberschnur wird quer im Raum gespannt. In ca. 30-40 cm Höhe wird sie an einem Ende von der Erzieherin gehalten, ein Ende kann an einem Tischbein oder an der Sprossenwand befestigt werden.

Anregungen zur Praxis

Die Kinder überwinden die Schnur in selbstgewählter Form (drüberspringen, drunter durchkriechen, durchrutschen, überqueren mit Aufstützen der Hände usw.).

Bei leicht schräg gehaltener Schnur können die Kinder die Schwierigkeitsgrade für das Überspringen selbst auswählen.

„Wäsche sammeln"
Die Schnur wird in Kopfhöhe der Erzieherin gehalten, sodass die Kinder sich hochrecken oder springen müssen, um sie zu berühren (auch hier sollte die Schnur schräg gehalten werden).

An der Schnur können Gegenstände befestigt werden, die die Kinder zu erreichen oder runterzuholen versuchen (Strümpfe, Tücher, Seile u. Ä.).

„Gräbenspringen"
Zwei Zauberschnüre werden so auf den Boden gelegt, dass zwischen ihnen ein auf der einen Seite sehr breiter, auf der anderen sehr schmaler Graben entsteht.

„Versucht, den Graben zu überspringen und sucht euch dabei verschieden breite Stellen aus."

„Fenstersteigen"
Von der Erzieherin und einem Kind wird die erste Schnur ca. 50 cm, die andere ca. 30 cm hoch gehalten. Durch dieses „schräge" Fenster können die Kinder steigen oder springen, unter der höheren Schnur kriechen sie durch (oder umgekehrt!).

„Zauberkreis"
Beide Zauberschnüre werden an ihren Enden zusammengeknüpft, sodass ein Kreis entsteht, an dem alle Kinder Platz haben. Sie fassen die Schnur an und probieren aus, wie groß der Kreis werden kann, wenn sie alle gleichzeitig rückwärts gehen.

Beim Vorwärtsgehen wird der Kreis wieder kleiner und die Schnur verliert ihre Spannung.

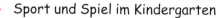

Sport und Spiel im Kindergarten

Die Kinder halten sich mit beiden Händen an der Schnur fest und probieren verschiedene „Kunststücke" aus: Sie versuchen z. B.:

- Über die Schnur zu steigen.
- Die Schnur über den Kopf hinter den Rücken zu bringen.
- Sich hinzusetzen und auch wieder aufzustehen, ohne die Schnur loszulassen.
- Sich im Sitzen hinzulegen und die Schnur dabei nach oben zu spannen, sodass sie über dem Kopf gehalten werden kann.
- Im Sitzen sich an der Schnur wie an einem Lenkrad festzuhalten und mit den Beinen „Fahrrad zu fahren" (vorwärts fahren, rückwärts fahren, eine Kurve nach rechts und nach links fahren).

Ziehtau

Die Verwendungsmöglichkeiten eines Taues erschöpfen sich nicht allein im „Tauziehen", auch wenn es hierzu wohl am häufigsten eingesetzt wird.

Das dicke Seil eignet sich sehr gut für Balancierkunststücke, für Tast- und Bewegungsspiele in der Gruppe.

Anregungen zur Praxis

Beispiele

„Zirkusseil"
Liegt das Tau in einer langen Linie am Boden, animiert es die Kinder meist zum Balancieren. Anders als bei dem dünnen Springseil ist es hier schon schwieriger, nicht vom Tau herunterzufallen.

Das Tau kann als Zirkusseil gelten, das normalerweise in der Luft hängt; zum Üben haben es die Artisten jedoch auf den Boden gelegt.

Jedes Kind probiert eigene Kunststücke auf dem Tau aus (eventuell einen Schirm oder einen Stab als Balancierstange benutzen).

Wenn auf dem Tau mehrere Kinder balancieren, treffen sie häufig aufeinander: „Versucht, aneinander vorbeizugehen, ohne dass einer von euch herunterfällt."

„Taststraße"
Das Tau ist in Kurven im Raum ausgelegt. Mit geschlossenen Augen versuchen die Kinder, (barfuß) seinen Weg zu ertasten.

„Tausendfüßler"
Jedes Kind sucht sich einen Platz an dem Tau. Alle heben es gemeinsam hoch und tragen es über dem Kopf durch den ganzen Raum. Der „Tausendfüßler" geht in Kurven und Schlangenlinien und kann dabei auch zischende oder andere unheimliche Geräusche machen.

„Die Raupe"
Die Kinder gehen gemeinsam mit dem Tau durch den Raum, in dem Stühle, Tische und andere einfache Hindernisse aufgebaut sind.

„Stellt euch vor, ihr wäret eine lange Raupe, die bei ihrem Weg durch Blätter und Zweige auf viele Hindernisse trifft. Sie muss unter den Hindernissen hindurchkriechen, über sie hinwegklettern und manchmal rollt sie sich auch in einer Schneckenform zusammen und ruht sich aus" (die Kinder versuchen, sich gemeinsam auf den Boden zu setzen).

Sport und Spiel im Kindergarten

3.3 Teppichfliesen und Matratzen

*– Zum Rutschen und Gleiten,
Kriechen und Krabbeln,
Federn und Springen,
Rollen und Fallen –*

Teppichbodenreste, die zu einem Viereck geschnitten sind (Größe ca. 40 x 40 cm), quadratische Teppichfliesen in unterschiedlichen Farben oder auch bunte Fußmatten sind einfache, meist sogar kostenlose Hilfsmittel, mit denen vielseitige und abwechslungsreiche Bewegungsspiele durchgeführt werden können.

Sie lassen sich nicht nur als Spielobjekte, als Hindernisse oder Orientierungspunkte im Raum verwenden, sondern können in Räumen mit kaltem, hartem Boden auch Turnmattenersatz oder weiche Sitzunterlage darstellen.

Anregungen zur Praxis •••••••••••••••••••••••••••••••••••

Im Idealfall sind die Teppichfliesen in etwa gleicher Anzahl jeweils in den Grundfarben rot, grün, gelb und blau vorhanden. In diesem Fall kann nicht nur das flauschige Material der Fliesenoberseite für materiale Erfahrungen genutzt und die quadratische Form für die Gestaltung von Hüpfkästchen u. Ä. eingesetzt werden, die Farben ermöglichen auch Spiele und Übungen zur Differenzierung der visuellen Wahrnehmungsfähigkeit.

Spielideen mit den Teppichfliesen

„Schlittschuhlaufen"
Das Interessanteste an den Teppichfliesen ist ihre flauschige Oberseite. Wenn diese auf den Boden gelegt wird, kann man auf den Fliesen rutschen und gleiten. Auf glattem Boden animiert diese Idee die Kinder schnell zum „Schlittschuhlaufen".

„Hausputz"
Der Boden des Turnraums soll „gebohnert" werden. Jedes Kind probiert aus, in welcher Lage das Rutschen auf den Fliesen möglich ist und wie man sich vom Boden abstoßen muss, um voranzukommen (im Sitzen mit den Füßen abstoßen, in der Bauchlage mit den Händen schieben, in der Rückenlage mit den Füßen schieben usw.).

„Transporter"
Jeweils zwei Kinder haben eine Fliese. Ein Kind soll seinen Partner durch den Raum ziehen oder schieben, der Partner kann dabei unterschiedliche Lagen auf der Fliese einnehmen. In der Hocke sitzend kann er z. B. an den Händen gezogen werden, im Sitzen oder in der Rückenlage kann man ihn an den Beinen vorwärts ziehen usw.

„Sprünge erfinden"
Die Fliesen werden mit der rutschfesten Seite auf den Boden gelegt. Die Kinder probieren aus, wozu die flauschige Seite der Fliese zu gebrauchen ist. Man kann sie z. B. überspringen, bei jedem Sprung mal auf der Fliese, dann wieder auf dem harten Boden landen und dabei ganz verschiedene Sprünge erfinden.

Sport und Spiel im Kindergarten

„Inselspringen"
Die Teppichfliesen liegen im Abstand von ca. 1 m im Raum verteilt auf dem Boden. Sie stellen Inseln dar; jedes Kind steht auf einer Insel und kann nun versuchen, von einer Insel zur anderen zu gelangen. (Damit die Kinder Zeit und Ruhe zum Wechseln haben, sollten mehr Teppichfliesen als Kinder vorhanden sein.)

Welche Möglichkeiten gibt es, von einer „Insel" zur anderen zu gelangen (z. B. ein- oder beidbeiniges Springen, einen großen Schritt auf die nächste Fliese machen, mit den Händen auf die Fliese stützen und mit den Füßen nachspringen usw.)?

„Teppichstraßen"
Teppichfliesen in unterschiedlichen Farben werden in einer langen Reihe hintereinander gelegt. Jedes Kind sucht sich aus, ob es von Fliese zu Fliese springen und dabei jede Farbe benutzen, oder ob es nur die Fliesen einer ganz bestimmten Farbe berühren will. (Die Erzieherin sollte beim „Bau" der Teppichbodenstraße darauf achten, dass der Abstand zwischen den jeweiligen Farben nicht zu groß ist.)

Anregungen zur Praxis

„Labyrinth ertasten"
Mehrere Teppichfliesen sind in einer Reihe aneinander gelegt, dabei zweigen einige kürzere „Seitenstraßen" nach rechts und links ab. Am Ende einer „Straße" liegt eine Rassel oder ein Glöckchen. Ein Kind soll mit geschlossenen Augen die Straßen ertasten und dabei die Rassel finden.

„Farbenlauf"
Wenn mehrere Fliesen in den Grundfarben rot, blau, grün und gelb vorhanden sind, sind folgende Spiele zur Förderung der visuellen Wahrnehmung möglich:
Die Fliesen liegen im Raum verteilt auf dem Boden. Jedes Kind sucht sich eine Farbe aus und setzt sich auf die entsprechende Fliese. Die Erzieherin hat vier Tücher in den entsprechenden Farben.

Sie zeigt ein Tuch als Signal für eine vorher vereinbarte Reaktion, die nur die Kinder betrifft, die die entsprechende Farbe haben:

- Alle Kinder laufen um die Fliesen herum. Diejenigen, deren Farbe gezeigt wird, haben Pause und ruhen sich auf den Fliesen aus.
- Alle nehmen auf ihren Fliesen Platz. Die Kinder, deren Farbe von der Erzieherin (oder einem in der Mitte stehenden Kind) gezeigt wird, laufen so lange um die anderen herum, bis die Farbe gewechselt wird. (Es können auch mehrere Farben gleichzeitig gezeigt werden.)

Die Fliesen animieren Kinder auch dazu, sich in einer Ecke „Betten" zum Ausruhen zu bauen. Eine solche Ruheecke kann während bewegungsintensiver Spiele einen Rückzugsbereich für die Kinder bilden, an dem sie sich ausruhen oder dem Spiel der anderen zuschauen können.

Matratzen und Schaumstoffteile

Matratzen (möglichst dreiteilige, da sie besser zu handhaben sind), Polster und Schaumstoffelemente stellen für Kinder sowohl variable Bauelemente als auch beliebte Unterlagen beim Herabspringen von Gegenständen, zum Rollen und Federn dar.

Sport und Spiel im Kindergarten

Ausrangierte Matratzenteile sollten mit einem waschbaren Stoff bezogen werden. Kinder bauen aus ihnen gerne Buden oder Höhlen, deswegen sollten möglichst viele Matratzenteile vorhanden sein.

Sie benutzen sie aber auch oft als eine Art „Trampolinersatz", indem sie einfach 2-3 Matratzen übereinander legen und deren elastische Eigenschaften nutzen, um darauf zu federn und zu springen.

Neben diesen mehr situativen Spielanlässen können die Matratzen und Schaumstoffteile aber auch in die Bewegungserziehung einbezogen werden. Hier stellen sie einen kleinen Ersatz für die aus der Turnhalle bekannten, in Kindergärten aber in den seltensten Fällen vorhandenen „Weichböden" dar.

Folgende Gerätearrangements lassen sich mit Matratzen, Schaumstoffteilen und den üblichen Turnmatten herstellen:

„Rollhänge"

Mithilfe von kleinen Kästen oder Bänken werden schiefe Hänge mit den Matten gebaut. Auf ihnen können die Kinder sich herunterkullern lassen; dabei werden sie sowohl seitwärts um die Körperachse rollen als auch erste Versuche im Vorwärtsrollen um die Körperquerachse (Purzelbaum) machen. So ergeben sich bereits im Spiel Übungsmöglichkeiten für einfache turnerische Kunststücke und Fertigkeiten.

„Hügellandschaft"

Mehrere Polster, Schaumstoffteile und Matratzen werden kreuz und quer über- und nebeneinander auf dem Boden verteilt, sodass eine unebene Fläche entsteht. Darüber wird ein großes Schwungtuch oder mehrere Bettlaken gelegt. Es entsteht eine „Hügellandschaft", die die Kinder zum Rollen und Springen, zum Purzeln und Fallen einlädt. Da die Höhen und Tiefen der Landschaft kaum berechenbar und abschätzbar sind und man von einem „Berg" beim nächsten Schritt plötzlich in ein Loch fallen kann, gibt es für die Kinder viel Spaß und Möglichkeiten zum ausgelassenen Toben.

Gleichzeitig bietet ein solches Gerätearrangement aber auch gute Gelegenheiten zum Anpassen der eigenen Bewegungen an unvorhergesehene Anforderungen, zum Spiel mit dem Gleichgewicht und zum Erproben der motorischen Fähigkeiten.

Anregungen zur Praxis

„Gräben überspringen"
Zwei Matratzen liegen im Abstand von ca. 50 cm voneinander entfernt auf dem Boden. Wenn mehrere Matten vorhanden sind, können die Abstände zwischen den Matten jeweils unterschiedlich groß sein.

Die Matten stellen eine Wiese mit einem Graben dar, der in selbstgewählter Form übersprungen werden soll.

Jedes Kind sucht sich selbst aus, wie breit sein Graben sein soll.

3.4 Zeitungen und Tücher

*– Zum Greifen und Fassen,
Werfen und Fangen,
Rascheln und Knautschen,
Fliegen und Schweben. –*

Mit Zeitungspapier muss man behutsam umgehen, es zerreißt schnell, kann aber genauso schnell auch wieder ersetzt werden.

Zeitungen lassen sich verwandeln: In Flügel oder Dächer beim Laufen, in einen Graben zum Überspringen, in ein Schwungtuch, auf dem Luftballons transportiert und hochgeworfen werden können oder in einen leichten, weichen Ball, bei dem das Abgetroffenwerden keine Angst macht.

Damit stellen Zeitungen für Kinder reizvolle Spielgeräte dar. Ihr zweckentfremdeter Einsatz regt die kindliche Fantasie an und ihre Bedeutung kann bei jedem Spiel wechseln.

Jedes Kind benötigt zunächst ein Zeitungsdoppelblatt; da oft Ersatz gebraucht wird, sollte die Erzieherin immer einen Stapel Zeitungen in Reserve haben.

Zeitungen geben ihre Druckfarbe leicht ab; deswegen sollten sich die Kinder nach dem Spielen die Hände und Füße waschen.

Spielideen

„Ein Dach über dem Kopf"
Die Kinder bewegen sich frei im Raum und sollen dabei mit beiden Händen das Zeitungsblatt so hoch wie möglich über dem Kopf halten.

Sport und Spiel im Kindergarten

Je schneller sie laufen, umso mehr flattert das Papier, es fliegt fast waagerecht in der Luft, sodass jeder ein „Dach" über dem Kopf hat.

Anschließend sollen die Kinder weitere Möglichkeiten ausprobieren, wie das Zeitungsblatt in Bewegung zum Fliegen und Flattern gebracht werden kann (z. B. seitlich neben dem Körper halten usw.).

„Partnerlauf"

Zwei Kinder haben gemeinsam ein Papier. Sie sollen jeweils eine Ecke des Zeitungsblatts fassen und zu zweit nebeneinander laufen, ohne dass das Papier zerreißt (eventuell auch als gemeinsames Dach über dem Kopf halten).

„Fliegende Zeitungen"

Beim schnellen Laufen das Zeitungsblatt loslassen und durch die Luft fliegen lassen. Jedes Kind sollte sein Blatt verfolgen und sehen, wo es gelandet ist.

Anregungen zur Praxis

Variation: Das Blatt wird fliegen gelassen, soll aber wieder aufgefangen werden, bevor es den Boden berührt.

„Klebende Zeitungen"
Beim ganz schnellen Laufen braucht das Zeitungsblatt gar nicht mehr festgehalten zu werden. Es „klebt" an verschiedenen Körperteilen: am Bauch, an den Armen oder an einer Hand. Die Kinder probieren aus, auf welchen Körperteilen das Blatt beim Laufen durch den Fahrtwind haften bleibt.

Lauf- und Reaktionsspiele
Die Zeitungsblätter werden einmal zusammengefaltet und auf den Boden gelegt. Die Kinder laufen um alle Zeitungen herum und sollen auf ein Zeichen der Erzieherin (Klatschen, Trommeln o. Ä.) einen Platz auf einer Zeitung finden (eventuell kann gemeinsam mit den Kindern verabredet werden, in welcher Form sie sich auf den Zeitungen einfinden sollen: auf einem Bein stehend, sitzend, in der Bauchlage usw.).

„Zeitungsinseln"
Die auf dem Boden liegende Zeitungen stellen Inseln in einem Meer dar, auf die sich die Kinder retten, wenn ein großer Sturm aufkommt. Sie „schwimmen" (laufen) um alle Inseln herum und suchen sich auf ein Signal der Erzieherin (Trommelwirbel oder mit der Stimme dargestellte Sturmgeräusche) eine Insel.

Die Wellen überschwemmen bei jedem Spieldurchgang eine Insel, sodass immer weniger Inseln vorhanden sind (bei jedem Durchgang einige Zeitungen wegnehmen). Auf einer Insel müssen daher immer mehrere Kinder gleichzeitig stehen. Wie viele Kinder passen auf eine „Insel"?

„Minizeitungen"
Jedes Kind hat eine Zeitung, die es mit den Füßen so weit wie möglich zusammenfalten soll. Wie klein kann die Zeitung dabei werden? Kann man auf dieser „Minizeitung" auch noch stehen? Das Papier kann auch mit den Füßen zusammengeknüllt werden.

Sport und Spiel im Kindergarten

„Pfützen überspringen"
Das Zeitungsblatt liegt ganz ausgebreitet auf dem Boden. Es stellt eine große Wasserpfütze dar, in die oder über die die Kinder springen sollen. Jeder sucht sich selbst aus, wie er am liebsten in der Pfütze landen oder wie er sie überspringen will.

Ebenso kann jeder auswählen, ob er lieber über die Breitseite der Zeitung springen will oder ober er es über die Längsseite versuchen möchte.

„Zeitungsdecken"
Partneraufgabe: Ein Kind liegt am Boden und wird von seinem Partner sanft mit einigen Zeitungen zugedeckt. Der ganze Körper soll von den Zeitungen bedeckt sein.

Anschließend sollte die Erzieherin mit den Kindern darüber sprechen, wie sie sich unter der „Zeitungsdecke" gefühlt haben (warm, dunkel, ruhig usw.).

„Aneinander kleben"
Jeweils zwei Kinder stehen Rücken an Rücken und halten zwischen sich ein Zeitungsblatt. Sie versuchen nun, gemeinsam durch den Raum zu gehen, sich zu drehen oder zu bücken, ohne dass sie das Blatt verlieren.

„Fußfesseln"
In die Zeitungen werden zwei Löcher gerissen, die so groß sind, dass man sich jeweils mit einem Fuß hineinstellen kann. Kann man sich so von der Stelle bewegen oder sogar durch den Raum gehen, ohne dass die Zeitung zerreißt?

„Zerreißproben"
Die Zeitung soll durchgerissen werden, dabei dürfen aber möglichst nur die Füße benutzt werden. Wie schafft man es, die Zeitung mit den Zehen in viele kleine Schnipsel zu reißen?

Die Zeitungsschnipsel sollen anschließend mit den Zehen aufgegriffen und zu einem Papierkorb gebracht werden.

Anregungen zur Praxis

„Zeitungsbälle"
Die Zeitungsblätter werden zu Bällen geformt (eventuell mit etwas Klebeband befestigen). Wenn genügend Bälle vorhanden sind, kann man damit eine Art „Schneeballschlacht" machen. Jeder versucht, jeden abzutreffen (vielleicht kann sich auch die Erzieherin einmal von allen Kindern abtreffen lassen).

Mit den Zeitungsbällen kann man aber auch Fußball spielen, man kann sie sich zuwerfen und fangen oder in einen großen Behälter zu treffen versuchen.

„Riesenball"
Alle benutzten Zeitungsblätter können zum Abschluss zu einem riesengroßen Ball geformt werden (damit die Blätter nicht abfallen, müssen sie mit etwas Klebeband befestigt werden).

Der Riesenball kann in der im Kreis sitzenden Gruppe hin- und hergerollt, geworfen oder einfach von Kind zu Kind weitergegeben werden.

„Schwungzeitung"
Mehrere Zeitungsblätter werden mit Klebeband (Paketband) miteinander verbunden, sodass ein großes Rechteck entsteht. Die Kinder sollen selbst entscheiden, ob sie das Riesenblatt immer noch größer werden lassen wollen. Dann wird das Riesenblatt gemeinsam hochgehoben und in die Luft geschwungen.

Sport und Spiel im Kindergarten

Damit die Ränder der Zeitung beim Greifen und Festhalten nicht einreißen, ist es hilfreich, diese auch mit Klebeband zu verstärken.

Eine solche Schwungzeitung wird nach Spielabschluss natürlich nicht weggeworfen, sondern sorgfältig zusammengelegt, damit sie noch weitere Male benutzt oder eventuell sogar noch vergrößert werden kann.

Bestimmt finden die Kinder noch weitere Ideen, wie man die Zeitungen im Spiel verwenden kann:

> Als Hut, der beim Spazierengehen nicht herunterfallen soll, als Unterlage, auf der man durch den Raum rutschen kann oder als kostbaren Schatz, den man im Raum verstecken kann und der dann von den anderen gefunden werden soll.

Tücher und Stoffreste

Anregungen zur Praxis ••••••••••••••••••••••••••••••••••••

Die vielseitigen Möglichkeiten, die Staubtücher, Putztücher, zerschnittene, ausrangierte Bettlaken oder einfache Stoffreste für eine kreative Bewegungserziehung beinhalten, entdeckt man oft erst auf den zweiten Blick.

Je nach Größe der Tücher können auch mehrere Kinder gleichzeitig damit spielen (z. B. Bettlaken), bei kleineren Tüchern sollte für jedes Kind mindestens ein Tuch vorhanden sein.

Die folgenden Spielideen sind mit weichen, flauschigen Staubtüchern von Kindern selbst entwickelt worden. Hier standen aus einer Werbeaktion einer Putzmittelfirma allerdings für jedes Kind mehrere Tücher zur Verfügung.

(Weitere Spielideen zum Einbeziehen von Bettlaken, Küchentüchern und Wolldecken in spannende Bewegungsspiele siehe auch ZIMMER, 1999a.).

Praxisbeispiele

„Schlittschuhlaufen"

Jedes Kind hat zwei Staubtücher. Auf glattem Boden kann man darauf rutschen und gleiten; dabei kann ein Fuß auf dem Staubtuch stehen, mit dem anderen stößt man sich vom Boden ab (wie beim Rollerfahren).

Sport und Spiel im Kindergarten

Wenn unter beiden Füßen jeweils ein Staubtuch ist, wird aus dem Rutschen und Rollern eine Art Schlittschuhlaufen.

Wie auf der Schlittschuhbahn gelingt das Tanzen auf dem Eis noch besser, wenn dazu Musik eingespielt wird!
Kann man sich auch vorwärts bewegen, wenn beide Füße gleichzeitig auf einem Staubtuch stehen?

„Sitzkarussell"
Die Kinder sitzen auf ihren Staubtüchern und versuchen, sich so schnell wie möglich um die eigene Achse zu drehen (Füße vom Boden abheben und Knie an den Bauch ranziehen).

„Transporttuch"
Ein Kind setzt sich auf sein Tuch und wird von einem anderen an den Händen oder Füßen durch den Raum gezogen. Jedes Paar probiert aus, welche Möglichkeiten des „Abschleppens" es gibt und welche am meisten Spaß machen.

Anregungen zur Praxis

„Tragetuch"
Auf dem Tuch kann man nicht nur andere Kinder abschleppen, man kann auch Gegenstände darauf transportieren. So können z. B. Bälle, Tennisringe oder sogar Keulen auf dem am Boden liegenden Tuch vorsichtig von einer Stelle zur anderen gezogen werden.

Oder zwei Kinder können versuchen, einen Gegenstand (Ball, Luftballon o. Ä. in dem Tuch zu tragen (beide Partner fassen dabei das Tuch mit jeweils zwei Händen an den Ecken).

Variation: Wenn das Tuch nicht zu klein ist, kann der Ball oder der Ballon auch von beiden Kindern gleichzeitig hochgeworfen und vielleicht sogar wieder aufgefangen werden.

„Schwänzchen fangen"
Jedes Kind steckt sich sein Tuch mit einem Zipfel in den oberen Rand seiner Hose, sodass es wie ein Schwänzchen über dem Po hängt.
    Jeder darf nun jedem sein Schwänzchen abjagen (eventuell kann er sich das erjagte Schwänzchen wieder selbst anstecken).

Sport und Spiel im Kindergarten

„Bewegliche Füße"
Sind die Kinder barfuß, können mit dem Tuch auch Spiele durchgeführt werden, die der Verbesserung der Fußbeweglichkeit dienen.

Viele Kinder laufen heute kaum mehr barfuß, die Greiffähigkeit und Beweglichkeit ihrer Füße ist bereits früh eingeschränkt.

Trotz der funktionsverbessernden Wirkung, die mit den folgenden Bewegungsaufgaben verbunden ist, sollten sie nicht den Charakter einer „Fußgymnastik" haben. Sie können vielmehr in spannende Spiele eingebunden werden, bei denen das Üben der Fußbeweglichkeit ganz von selbst erfolgt.

Beispiele

- Es gibt „Handtücher", „Kopftücher", „Taschentücher" und sogar „Fußtücher". Die „Fußtücher" heißen deswegen so, weil sie (hier) nur mit den Füßen berührt, bewegt und transportiert werden dürfen. Findet heraus, welche Möglichkeiten es dabei gibt.
- Könnt ihr die Tücher mit den Zehen greifen und damit die Stühle, Bänke o. Ä. „abstauben"?
- Kann man das Tuch so unter den Fußsohlen verstecken, dass man es von außen nicht mehr sehen kann? Dabei dürfen natürlich nur die Füße helfen, das Tuch unter den Fußsohlen zusammenzuknüllen.
- Aus einer großen (flachen) Kiste holt sich jedes Kind ein Tuch heraus, dabei dürfen auch hier nur die Füße oder die Zehen zugreifen.
- An den Seiten des Raumes liegt für jedes Kind ein Reifen. Aus der in der Mitte stehenden Kiste kann es sich nun so viele Tücher holen, wie es will und sie zu seinem Reifen bringen. Jedes Tuch muss allerdings einzeln transportiert werden. Das Aufgreifen und Festhalten sollte auch möglichst nur mit den Zehen erfolgen.

Anregungen zur Praxis

3.5 Reifen und Ringe

*– Zum Rollen und Schieben,
Kriechen und Springen,
Tragen und Balancieren,
Kreiseln und Drehen. –*

Holz- und Plastikreifen gehören zu den traditionellen Handgeräten der Bewegungs- und Sporterziehung. Am besten sind sie in größeren Räumen einzusetzen, denn das Rollen und Drehen benötigt Platz. Das Rollen der Reifen erfordert darüber hinaus eine glatte, ebene Unterfläche, im Freien auf einer Wiese lassen sich diese Bewegungsformen also weniger gut ausführen. Als Alternative für die Gymnastikreifen können hier Autoreifen verwendet werden; auf Grund ihrer breiten Auflagefläche kann man sie gut über die Wiese rollen und weitere Spiele mit ihnen erfinden. Die Holz- und Plastikreifen gibt es in unterschiedlichen Größen; für Kinder im Kindergartenalter ist ein Durchmesser von 60-70 cm geeignet.

Im freien Spiel mit den Reifen sollen die Kinder selbstständig ausprobieren, was man mit ihnen machen kann. So können sie am ehesten die spezifischen Eigenschaften der Geräte herausfinden.

Aus den hierbei gefundenen Einfällen und Ideen lassen sich Bewegungsangebote und -aufgaben herausgreifen und als Spiele für alle weiterführen.

Beispiele

> ◆ Der Reifen wird so angestoßen, dass er durch den Raum rollt. Bevor er auf den Boden fällt, sollte jedes Kind ihn wieder eingeholt haben.
> Wer ist schneller – der Reifen oder das Kind? Wir stoßen den Reifen so an, dass er in den Raum rollt, laufen ihm aber so schnell hinterher, dass wir ihn noch einholen oder sogar überholen können.

Sport und Spiel im Kindergarten

- ◆ Der Reifen kann sich auch ganz schnell drehen; versucht, ihn auf der Stelle kreiseln zu lassen und achtet darauf, wann er zu Boden fällt. Könnt ihr euch selbst so lange mitdrehen, bis der Reifen auf dem Boden liegt?
- ◆ Alle Kinder drehen die Reifen gleichzeitig an. Dann laufen sie um alle Reifen herum und beobachten, ob einer zu Boden zu fallen droht. Er wird schnell wieder angedreht, sodass möglichst alle Reifen sich über eine kurze Zeit gleichmäßig drehen.

Anregungen zur Praxis

Partnerspiele

- Zwei Kinder rollen sich einen Reifen gegenseitig zu.
- Der Partner stellt den Reifen senkrecht auf den Boden, das andere Kind versucht, hindurchzukriechen.
- Vielleicht gelingt das Hindurchkriechen auch durch den (langsam) rollenden Reifen.

Reifensprünge
Die Reifen liegen auf dem Boden; die Kinder probieren verschiedene Formen des Springens, Hüpfens und Kriechens an den Reifen aus (vorwärts, rückwärts und seitwärts, einbeinig und beidbeinig hinein- und heraus- oder sogar überspringen).

„Autospiele"
Der Reifen stellt das Lenkrad eines Autos dar, das die Kinder durch den Raum steuern. Im Raum verteilt befinden sich einige Hindernisse, die umfahren werden sollen. (Mit dem Reifen kann man sich in die Kurven legen, man kann dazu Autogeräusche nachahmen und muss immer darauf achten, dass keine Zusammenstöße passieren.) Jedes Kind sucht selbst aus, welches Fahrzeug es spielt (ein knatterndes Motorrad, ein schnelles Auto, ein tuckernder Traktor, ein rasender Polizeiwagen oder ein Krankenwagen im Einsatz, mit Blaulicht und entsprechenden Geräuschen).

„Straßenverkehr"
Wie im Straßenverkehr einer Stadt gibt es in der Mitte des Raums eine Ampel, die den Autofahrern sagt, ob sie halten müssen oder ob sie weiterfahren dürfen.

Die Erzieherin hat ein grünes, ein gelbes und ein rotes Tuch.

Hält sie das rote Tuch hoch, heißt dies, dass die Ampel rot ist und alle Autofahrer anhalten müssen. Wird das gelbe Tuch gezeigt, heißt dies, dass bald die Farbe wechselt, die Autofahrer müssen dann also besonders aufmerksam sein. Bei Grün dürfen die Autofahrer wieder losfahren.

Sport und Spiel im Kindergarten

„Reifenreihe"

Werden alle Reifen in eine lange Reihe hintereinander gelegt, animiert diese Reifenstraße die Kinder zum rhythmischen Laufen, zum Springen von Reifen zu Reifen oder zum Slalomlauf um alle Reifen herum.

„Reifentunnel"

Die Reifen können auch in einer Reihe senkrecht auf den Boden gestellt werden, sodass ein langer Tunnel entsteht. Während alle sich am Reifenhalten beteiligen (sollten), kann ein Kind durch den Tunnel steigen. Am Ende angekommen, übernimmt es den Reifen des letzten Kindes und stellt sich damit an den Anfang der Reihe, sodass nacheinander alle durchkriechen können.

„Den Platz wechseln"

Die Reifen liegen im Raum verteilt auf dem Boden. Jedes Kind hat einen Platz in einem Reifen. In der Mitte steht ein Kind (ohne Reifen). Auf seinen Zuruf: „Platz wechseln!", müssen alle Mitspieler ihren Reifen verlassen und sich einen neuen Reifen suchen. Da auch das in der Mitte stehende Kind einen Reifen besetzt, bleibt eines übrig. Es darf nun den neuen „Ansager" spielen. (Diese Rolle kann allerdings auch so attraktiv sein, dass mehrere Kinder versuchen, keinen Reifen zu erhalten!)

„Flüsterkette" (eventuell zum Abschluss einer Übungsstunde)

Alle Kinder sitzen in ihren Reifen und schließen die Augen. Die Erzieherin flüstert leise den Namen eines Kindes. Dieses bringt leise seinen Reifen zur Erzieherin und flüstert einen neuen Namen. Das Spiel wird so lange wiederholt, bis alle Kinder bei der Erzieherin und die Reifen aufeinander aufgetürmt sind.

Tennisringe

Die Tennisringe haben einen Durchmesser von ca. 7 cm und sind aus Kunststoffmaterial (Plastik oder Gummi). Im Freien verwenden Kinder sie gerne für Zielwürfe auf Stöcke, die in den Boden gesteckt sind. Im Bewegungs- oder im Gruppenraum kann man stattdessen z. B. Stühle mit Lehne und Sitz auf den Boden kippen, sodass die Tennisringe über die Stuhlbeine geworfen werden können.

Anregungen zur Praxis

Weitere Spielideen, die sich meist auch aus dem freien Spiel der Kinder ergeben:

- Die Ringe auf verschiedenen Körperteilen balancieren (eine „Krone" auf dem Kopf tragen, einen „Rucksack" auf dem Rücken schleppen, ein „Tablett" auf den Händen balancieren usw.).
- Sich mit der „Krone" auf dem Kopf hinsetzen. Versuchen, sich hinzuknien und wieder aufzustehen, ohne dass die Krone herunterfällt.
- Den Ring hochwerfen und wieder aufzufangen versuchen.
- Den Ring mit den Händen hochwerfen und mit einem Fuß aufzufangen versuchen (mit der Fußspitze in den Ring hineinschlüpfen).
- Den Ring zwischen die Knie klemmen und damit durch den Raum hüpfen.

Sport und Spiel im Kindergarten

- Den Ring mit den Füßen vom Boden aufheben, ohne dass hierzu die Hände zu Hilfe genommen werden müssen.
- Den Ring über den Boden rollen und ihm nachlaufen.

3.6 Spiele für zwei

*– Laufen und Fangen,
Führen und Folgen,
Ziehen und Schieben,
Suchen und Finden. –*

Bewegungsspiele zu zweit sind unter allen räumlichen Voraussetzungen durchführbar: Im ausgeräumten Gruppenraum ebenso wie in einer Gymnastik- oder Turnhalle, im Freien auf der Spielwiese oder auf einem Hof. Selbst wenn der Kindergarten nur über wenige Sportgeräte verfügt, der Partner kann mit seinem Körper selbst zum „Gerät" werden. Er kann z. B. ein Hindernis darstellen, das sich verändern und sich sogar selbst bewegen kann; er ist gleichzeitig Mitübender, Helfer oder auch Gegner.

Anstelle der Auseinandersetzung mit der Sache oder dem Gerät wird hier die Konzentration auf den Partner gelenkt, das Miteinanderspielen steht im Vordergrund. Zur Lösung der Bewegungsaufgabe ist der Partner unentbehrlich, denn die Aufgabenstellung setzt das Vorhandensein zweier Kinder voraus.

Anregungen zur Praxis ••••••••••••••••••••••••••••

Partneraufgaben sind natürlich auch unter Einbeziehung von Handgeräten und Spielobjekten möglich. Dies bietet sich vor allem dann an, wenn nicht für alle Kinder genügend Geräte zur Verfügung stehen. Aber nicht nur organisatorische, sondern auch pädagogische Gründe sprechen dafür, dass bereits im Kindergartenalter Bewegungsspiele als Partneraufgaben angeregt werden sollen:

Wichtige soziale Erfahrungen werden gewonnen, denn durch das gemeinsame Spielen und Üben von Geschickten und weniger Geschickten, von Älteren und Jüngeren werden Kinder dazu herausgefordert, Rücksicht aufeinander zu nehmen, sich zu helfen und sich zu unterstützen. Sie müssen sich aufeinander einstellen, die unterschiedliche Leistungsfähigkeit berücksichtigen und sich aneinander anpassen.

Bei allen Partnerspielen sollte auf häufigen Rollentausch geachtet werden; auch sollten die Partner ab und zu einmal wechseln, um die Kontakte der Kinder zu erweitern. Allerdings muss auch berücksichtigt werden, dass nicht alle Kinder auf Anhieb dazu fähig sind, mit einem anderen Kind gemeinsam ein Spielgerät zu teilen und sich auf Spielmöglichkeiten zu beschränken, die zu zweit durchführbar sind.

Die Erzieherin muss das Verhalten der Kinder aufmerksam beobachten und auf besondere Probleme feinfühlig reagieren. Kinder, die ohne Geschwister aufwachsen, haben vielleicht Schwierigkeiten, sich mit anderen abzusprechen und sich mit ihnen auseinander zu setzen.

Es gibt auch (vor allem jüngere) Kinder, die überhaupt nicht bereit sind, bei den Partneraufgaben mitzumachen und mit einem anderen Kind gemeinsame Bewegungsaufgaben zu lösen. Ihnen sollte die Erzieherin Zeit lassen, sich an bestimmte Sozialformen zu gewöhnen. Vielleicht kann sie selbst Partnerin des Kindes sein; vor allem aber sollte das Kind selbst entscheiden können, ob es mitmachen möchte oder nicht.

Beispiele

„Freunde suchen"
Alle Kinder laufen durch den Raum. Auf ein vorher vereinbartes Zeichen (Klatschen, Musikstopp usw.) sucht sich jedes Kind einen Partner, mit dem es dann weiterläuft. Wenn das nächste Zeichen ertönt, bleiben alle stehen und jeder sucht sich einen neuen Freund.

„Spiegelbild"
Einer der beiden Partner macht eine Bewegung vor, der andere stellt sein Spielbild dar. Er versucht, die Bewegungen genau nachzuahmen.
Dabei können Situationen vorgegeben werden, in denen Kinder wirklich in einen Spiegel gucken und sich dort sehen: abends beim Waschen und Zähneputzen, beim Anprobieren eines neuen Kleidungsstücks usw.

„Führen und Folgen"
Zwei Kinder stehen sich gegenüber und fassen sich an den Händen. Eines von ihnen schließt die Augen und wird von dem anderen durch den Raum geführt. Der Führende ist verantwortlich dafür, dass sein Partner nirgendwo anstößt und auch kein anderes Paar berührt.
(Eventuell können konkrete Situationen gespielt werden: Ein Blindenführer führt den Blinden durch eine Einkaufsstraße, in der sich auch viele andere Menschen befinden.)

Zur Erschwerung können im Raum auch einige Hindernisse (Bänke, Stühle) aufgestellt werden, um die der „Blinde" herumgeführt wird.

„Lebende Hindernisse"
Der Partner bildet ein Hindernis, über das man steigen, klettern, springen oder laufen oder unter dem man hindurchkriechen oder -rutschen kann:

Anregungen zur Praxis

- ◆ Ein Kind legt sich z. B. mit ausgebreiteten Armen und Beinen in die Bauchlage auf den Boden. Sein Partner überspringt Arme, Beine und den Rücken.
- ◆ Einer kniet sich in Bankstellung auf den Boden, der andere kriecht im Wechsel unter der „Bank" durch und steigt über sie auf die andere Seite.
- ◆ Im Sitzen breitet der Partner beide Arme zur Seite aus; der andere springt über die unterschiedlich hoch gehaltenen Arme.

„Aufzug"

Beide Kinder setzen sich Rücken an Rücken auf den Boden und versuchen, gleichzeitig miteinander aufzustehen, ohne dass die Hände auf den Boden aufgestützt werden. Der „Aufzug" kann auch wieder herunterfahren (sich hinsetzen).

Sport und Spiel im Kindergarten

„Sitzfangen"
Beide Kinder sitzen auf dem Boden und versuchen, sich gegenseitig mit den Füßen zu fangen (um Verletzungen zu vermeiden, sollten möglichst alle Kinder barfuß sein).

„Baumstammrollen"
Zwei Kinder liegen sich gegenüber, haben die Arme ausgestreckt und fassen sich an den Händen. Können sich beide nun gleichzeitig zur Seite wälzen, sodass sie auf dem Rücken liegen?

Wie ein Baumstamm kann man sich so gemeinsam mehrfach über den Boden rollen (am besten gelingt das Rollen auf einer abschüssigen Wiese oder einem kleinen Hang; vielleicht lässt sich mit Matten und anderen Geräten auch im Bewegungsraum so ein kleiner „schräger Hang" herstellen).

„Torlauf"
Zwei Kinder stehen sich gegenüber, heben die Arme hoch und fassen sich an beiden Händen. So entsteht ein Tor, durch das alle anderen Paare laufen können. Irgendwo im Raum bilden sie wieder neue Tore.

Anregungen zur Praxis •••••••••••••••••••••••••••••••

3.7 Spiele für viele

*– Fangen und Erlösen,
Verfolgen und Beschützen,
Verstecken und Suchen. –*

Spiele in der Gruppe sind bei Kindern im Kindergartenalter noch nicht gleichzusetzen mit Gruppenspielen mit festem Regelwerk, mit Mannschafts- oder sogar Staffelspielen.

Kinder im vorschulischen Alter wollen am liebsten immer alle gleichzeitig mitmachen und jeder will für sich „Sieger" sein.

Eine bestimmte Reihenfolge – wie dies bei Staffeln üblich ist – würde nur Unruhe aufkommen lassen und lange Wartezeiten lassen den Spieleifer schnell erlahmen. Regelspiele sind daher so zu vereinfachen, dass der Ablauf und das Ziel des Spiels allen Kindern verständlich ist, dass keine Wartezeiten entstehen und dass bei einer notwendigen Aufteilung in Gruppen diese für die Kinder leicht unterscheidbar sind (Kennzeichnung durch farbige Bänder usw.).

Am beliebtesten sind einfache Lauf- und Fangspiele, die auch dem Bewegungsdrang der Kinder am ehesten gerecht werden.

Die Spielregeln sollten einfach und überschaubar sein (einer fängt alle – alle fangen einen) und schrittweise differenziert werden. Alle Regeln sollten von den Mitspielern verstanden und eingesehen werden und zur Variation des Spielverlaufs auch von ihnen selbst verändert werden können.

Kinder, die „abgeschlagen" oder gefangen werden, sollten auf keinen Fall aus dem Spiel ausscheiden müssen. Gerade sie haben das Üben und die Wiederholung der Spielabläufe am meisten nötig.

Die Spielregeln sollten daher so gestaltet werden, dass sie nach einer kurzen Ruhepause durch „Erlösen" oder „Freigeschlagen werden" wieder teilnehmen können.

Sport und Spiel im Kindergarten

Werden die Fangspiele im Freien durchgeführt, können die Kinder sich zwar ungehindert austoben, die Spielfläche sollte jedoch auch hier eingegrenzt werden. Nur so ist gewährleistet, dass nicht einzelne Kinder bei Fangspielen überfordert werden oder zu lange Zeit erfolglos hinter den anderen hinterherlaufen und so die Lust am Spiel verlieren.

Die Spiele in der Gruppe stellen eine Weiterführung der Partnerspiele dar. Das Kind lernt hier, seine ichbezogene Haltung zumindest zeitweise zu Gunsten gemeinsamer Interessen aufzugeben.

Es lernt darüber hinaus aber auch, Rollen im Sinne des Spielverlaufs zu übernehmen, dementsprechend zu handeln und die Rollen auch wieder abzugeben.

Fangspiele

„Alle fangen einen"
Die Erzieherin (oder ein Kind) soll von der ganzen Gruppe gefangen werden. Wer sie als Erster erreicht und berührt, ist beim nächsten Spieldurchgang derjenige, der gefangen wird.

Anregungen zur Praxis

Variation „Hut abjagen"
Derjenige, der abgeschlagen werden soll, hat einen alten Hut auf dem Kopf. Die anderen verfolgen ihn und versuchen, ihm den Hut vom Kopf zu ziehen. Wer dies schafft, darf sich den Hut aufsetzen, er wird als Nächster gefangen.
    Damit es nicht zu Raufereien kommt und sich nicht alle Kinder auf einen stürzen, sollten bei einer größeren Gruppe mehrere Hüte ins Spiel gebracht werden.

„Einer fängt alle"
Ein Kind spielt den Fänger. Es ist gekennzeichnet durch ein buntes Band und verfolgt die anderen, bis es ihm gelingt, jemanden abzuschlagen. Dies wird der neue Fänger (ihm wird auch das Band weitergegeben).

Fangen mit Freimal
In der Mitte des Raums liegt ein Reifen. Wer in dem Reifen steht oder sitzt, darf nicht abgeschlagen werden. Im Reifen darf jedoch immer nur ein Kind sitzen; kommt ein neues hinzu, muss derjenige, der sich schon im Reifen befindet, weichen. (Bei einer größeren Gruppe von Kindern können auch zwei oder drei Reifen ausgelegt werden.)

Fangen mit Erlösen
Wer bei dem Fangspiel abgeschlagen wurde, setzt sich auf den Boden. Ein anderes Kind kann ihn erlösen, indem es ihn berührt und „frei" ruft.

Spannend wird das Spiel, wenn schon einige Kinder am Boden sitzen und nur noch wenige sie erlösen können. Vielleicht schafft es der Fänger, alle Kinder abzuschlagen, sodass zum Schluss alle am Boden sitzen.

Spiel mit mehreren Fängern
Jedes abgeschlagene Kind wird zum Mitfänger und erhält ebenfalls ein buntes Band zur Kennzeichnung. Wer als Letzter übrig bleibt, darf bei der nächsten Spielwiederholung den neuen Fänger spielen.

Besonderen Spaß machen die Fangspiele, wenn Fänger und Läufer bestimmte Rollen spielen, die in eine komplexere Spielhandlung eingebettet sind:

Sport und Spiel im Kindergarten

„Den Riesen wachkitzeln"
Ein Kind spielt einen Riesen, der sehr kitzelig ist. Immer wenn er müde wird, legt er sich zum Mittagsschlaf in eine Ecke des Raums.

Die Kinder schleichen sich leise heran – möglichst so lautlos, dass der Riese sie nicht bemerkt. Sie wollen den Riesen wachkitzeln. Kaum haben sie ihn berührt, springt er auf und versucht, sie zu fangen. Abgeschlagene Kinder sperrt er in einen Käfig (Reifen) ein. Bald wird er jedoch wieder müde und legt sich zum Schlafen.

Die Kinder befreien zuerst die Gefangenen aus dem Käfig und ärgern dann wieder den schlafenden Riesen ...

„Blinder Fänger"
Die Kinder sitzen im Kreis, in der Mitte steht ein Kind, das die Augen verbunden hat. Jeweils zwei sich gegenübersitzende Kinder sollen nun die Plätze tauschen. Der blinde Fänger versucht, sie beim Laufen zu berühren. Wenn er erfolgreich war, wechselt er mit dem Kind, das er gefangen hat.

„Verzaubern"
Ein Kind spielt den Zauberer, es hat einen großen Zauberstab (bunt bemalte Papprolle), mit der es die anderen verzaubern kann. Wer vom Zauberer abgeschlagen wurde, muss in der Stellung stehen bleiben, die er bei der Berührung innehatte. Die verzauberten Kinder können von den anderen befreit werden, indem sie sich kurz in der gleichen Position vor sie stellen.

Reaktionsspiele

„Die rote Feuerwehr"
An Material werden vier Bänder oder Tücher in verschiedenen Farben benötigt. Die Erzieherin verabredet mit den Kindern Fortbewegungsformen, die zu den Farben passen (z. B. rot = rennen wie die Feuerwehr, grün = hüpfen wie ein Frosch, blau = fliegen wie ein Vogel, d. h. die Arme wie Flügel auf- und abbewegen, gelb = sich in die Sonne legen und ausruhen).

Anregungen zur Praxis

Sie zeigt nun jeweils eine Farbe, die Kinder bewegen sich entsprechend der vereinbarten Fortbewegungsform solange, bis eine neue Farbe gezeigt wird.

Wenn die Voraussetzungen in der Gruppe eine weitere Variation der Spielbedingungen zulassen, kann die Erzieherin auch ohne zusätzliche Hinweise zwei Farben gleichzeitig zeigen. So ergeben sich aus der Kombination von rot und grün neue Bewegungsmöglichkeiten (schnell hüpfen – wie die „Froschfeuerwehr"). Hierbei sollten die Kinder allerdings selbst Lösungsmöglichkeiten finden, die dann im Einzelnen auch mit der Gruppe besprochen werden können.

„Hochwasser"
Die Erzieherin erzählt den Kindern eine Geschichte, in der vom langen Regen und vom Wasser die Rede ist. Immer wenn das Wort „Hochwasser" auftaucht, sollen alle Kinder sich ganz schnell in Sicherheit bringen und steigen auf die im Raum befindlichen Stühle, Bänke oder andere, vom Boden erhöhte Gegenstände.

Weiterführung: Neben „Hochwasser" werden weitere Begriffsverbindungen vereinbart: Beim Zuruf „Feuer" laufen alle blitzschnell zur Eingangstür des Raums, bei „Sturm" suchen alle Schutz unter Geräten, Tischen und Stühlen, bei „Sonne" legen sich alle auf den Rücken und ruhen sich aus.
  Auch diese Begriffe können in eine kleine Geschichte eingebunden werden, die Spannung des Spiels wird dadurch bei den Kindern noch erhöht. Zuvor sollte mit den Kindern besprochen werden, wie man sich bei den angegebenen Ereignissen verhalten könnte und es sollten auch einigermaßen sinnvolle und realistische Reaktionsformen vereinbart werden.

„Verkehrspolizist"
Ein Kind (oder die Erzieherin) stellt einen Verkehrspolizisten dar, der den Straßenverkehr regelt; die anderen Kinder sind Autos, die sich nach den Angaben des Polizisten richten müssen: Hält der Polizist den Arm hoch, müssen alle Autos stehen bleiben; streckt er den Arm zur Seite aus, dürfen sie weiterfahren.

Sport und Spiel im Kindergarten

„Die Seiten wechseln"
Die Kinder werden in vier Gruppen eingeteilt, die jeweils eine Gruppe von Tieren darstellen. Jede Gruppe stellt sich auf eine Seite des Raums. Die Erzieherin ruft nun zwei Tiergruppen auf, die miteinander die Plätze wechsen sollen (eventuell können die Kinder auch die entsprechenden Fortbewegungsformen der Tiere übernehmen).

„Einen Schatz rauben"
In einer Ecke des Raums liegen viele Geräte und Gegenstände (Bälle, Reifen, Tennisringe, Schuhe, Tücher usw.). Die Kinder bilden Gruppen mit gleicher Anzahl. Sie sollen möglichst viele Gegenstände in ihre „Burg" (Reifen oder große Kiste) bringen, die Geräte müssen jedoch einzeln transportiert werden und dürfen nicht mit den Händen getragen werden (Bälle mit den Füßen rollen, Gummiringe auf dem Kopf tragen, Tücher zwischen die Knie klemmen usw.).

3.8 Wir machen Musik

*– Geräusche und Klänge
mit Trommeln und Rasseln,
Glöckchen und Gläsern,
Dosen und Töpfen –*

Anregungen zur Praxis

Musik und rhythmische Begleitung fordern ein Kind zu spontaner Bewegung auf; es wippt mit seinem Körper, klatscht in die Hände, lässt sich in seinen Bewegungen durch den Rhythmus leiten und setzt ihn in körperliche Bewegung um. Musikalische Eindrücke sind vor allem bei jüngeren Kindern fast untrennbar mit Bewegungsäußerungen verbunden.

Das differenzierte Wahrnehmen akustischer Reize und die damit verbundenen rhythmisierten Bewegungshandlungen tragen zu einer Förderung der sensomotorischen Fähigkeiten des Kindes bei. Die sinnlichen Erfahrungen beziehen sich dabei jedoch nicht alleine auf die auditive Wahrnehmung. Gleichzeitig werden auch andere Sinnesbereiche, wie z. B.

- die taktile Wahrnehmung (berühren und ertasten),
- die visuelle Wahrnehmung (andere beobachten, nachahmen und optische Reize voneinander unterscheiden),
- die kinästhetische Wahrnehmung (den Wechsel von Spannung und Entspannung im eigenen Körper erleben),
- die vestibuläre Wahrnehmung (sich im Gleichgewicht halten, den Körper in verschiedenen Lagen im Raum erleben) angesprochen.

Impulse für die rhythmische Anpassung der Bewegung können gegeben werden durch Verse und Abzählreime, durch Sprechrhythmen, Ton- und Klanginstrumente, Geräuschmaterialien oder durch körpereigene „Instrumente" wie Klatschen, Schnipsen oder Stampfen.
    Der Rhythmus kann ebenso durch ein von der Erzieherin gespieltes Instrument oder aber durch Schallplatten oder Musikkassetten vorgegeben werden.

Als Klang- und Toninstrumente sind für Kinder geeignet: Rasseln, Klangstäbe, Trommeln, Schellentrommeln, Tambourin, Triangel, Xylophon.

Es muss jedoch nicht immer ein komplettes orffsches Instrumentarium zur Verfügung stehen, um rhythmische Bewegungserziehung durchführen zu können. Auch Geräuschmaterialien, die selbst hergestellt sind oder aus umfunktionierten Gebrauchsgegenständen bestehen, können zur Wahrnehmungssensibilisierung und Bewegungsbegleitung eingesetzt werden.

Sport und Spiel im Kindergarten

Bei der Auswahl von Musikkassetten und Schallplatten ist darauf zu achten, dass die Musikstücke klar gegliedert sind, der Rhythmus deutlich erkennbar ist und zu Bewegung motiviert.

Um die schöpferischen Fähigkeiten der Kinder zur Entfaltung kommen zu lassen und ihrem Bedürfnis nach elementarem körperlichen Ausdruck entgegenzukommen, sollte beim Einsatz von Musik immer genügend Freiraum zur improvisierten, ungelenkten Bewegung gegeben werden.

Auch Kindertänze müssen dabei nicht nach einem festgelegten Bewegungsablauf ausgeführt werden. Animiert durch den Rhythmus sollen die Kinder vor allem eigene, der Musik angepasste Bewegungsformen finden.

Die in den folgenden Übungsvorschlägen verwendeten Musikvorlagen regen vor allem zur Bewegungsimprovisation an; fertige Tänze mit festgelegten Schrittfolgen werden hier nicht angeboten. Die genauen Musiktitel sind im Schallplattenverzeichnis aufgeführt.

Rhythmisieren der Bewegungsformen

Die Kinder probieren verschiedene Formen des Gehens aus:

- ◆ Leise schleichen.
- ◆ Stampfen.
- ◆ Auf den Zehenspitzen trippeln.
- ◆ Auf den Fersen gehen.
- ◆ Auf den ganzen Fußsohlen „watscheln".
- ◆ Mit durchgedrückten steifen Knien gehen.
- ◆ Mit gebeugten Knien gehen.
- ◆ Schlurfen usw.

Wir versuchen, die verschiedenen Formen des Gehens auf einer Trommel zu begleiten. Welche Begleitungsformen sind für das Schlurfen, Trippeln, Watscheln, Stampfen, Schleichen geeignet? Bewegt euch im Wechsel stampfend und schleichend durch den Raum.

Statt verbaler Aufforderung gibt die Trommel die Art der Fortbewegung an. Hört ihr heraus, zu welcher Form des Gehens aufgerufen wird?

Anregungen zur Praxis

„Marionetten"
Wir spielen Marionetten. Jeder Körperteil wird dabei einzeln in Bewegung versetzt:
  Arme und Beine können angehoben und gesenkt werden; den Kopf kann man drehen, den Oberkörper beugen und aufrichten usw. Versucht, die Bewegungen der Marionetten in ganz kleine Teile zu zerlegen (z. B. Heben und Senken des Arms in mehreren kleinen Stufen).

„Roboter"
Auch ein Roboter kann Vorbild für Bewegungsformen sein. Er bewegt sich eckig und abgehackt, unterbricht seine Bewegungen immer wieder und geht gerade oder aber eckige Raumwege. Eine entsprechende Musik kann die Bewegungsvorstellung unterstützen. (Musikvorschlag: „Roboter Mick Mack", in: „Tanz, Bewegung, Musik", S. 110.)

„Gräben überspringen"
Mehrere Seile werden im gleichen Abstand hintereinander auf den Boden gelegt. Jedes Seil stellt einen Graben dar, der im Laufen überquert werden soll. Dabei soll in jeden Zwischenraum nur einmal getreten werden.

Die Seile können auch in Kreisform ausgelegt werden, sodass mehrere Kinder gleichzeitig üben können. Das Überlaufen der Seile soll wiederum mit jeweils einem Schritt über jedes Seil erfolgen. Wie müssen die Schritte der Kinder ausgeführt werden, die im Kreisinnern laufen und wie sehen die Schritte derjenigen aus, die auf der äußeren Linie laufen?
  Mit welchen anderen Bewegungsformen kann man die Seile noch fortlaufend überwinden (z. B. auf beiden Füßen springen, einbeinig springen)?

Körpereigene „Instrumente"

Wie kann man mit dem eigenen Körper Geräusche erzeugen?

- In die Hände klatschen.
- Mit den Fingern schnipsen.
- Auf den Boden oder auf eigene Körperteile klatschen.
- Mit den Füßen stampfen.

Sport und Spiel im Kindergarten

Bewegungsbegleitung
Eine Kindergruppe hüpft und galoppiert durch den Raum, eine andere Gruppe versucht, das Hüpfen durch Klatschen zu begleiten. Zusätzlich können weitere Kombinationen von Bewegungsformen und körpereigener Begleitung vereinbart werden:

Mit beiden Händen auf den Boden trommeln, bedeutet Schleichen, in die Hände klatschen, bedeutet aufrechtes Gehen, mit den Fingern schnipsen, bedeutet auf den Fußspitzen gehen, mit den Füßen auf den Boden stampfen, heißt, dass auch die Vorwärtsbewegung im Stampfen ausgeführt werden soll.

Eine kleine Gruppe von Kindern (die Zahl sollte sich auf 3-4 Kinder beschränken, damit die Absprache untereinander nicht zu schwer fällt) gibt jetzt die Begleitung an, die andere bewegt sich dementsprechend.

„Bewegte Namen"
Auch die Vornamen der Kinder können in ein Spiel mit Rhythmus und Bewegung eingebunden werden:

Wie kann der Name „Katharina" getanzt werden? Wir rufen den Namen laut aus und versuchen dabei, eine passende Bewegungsform zu finden (Beispiel: „Ka – tha" = zwei Schritte vorwärts, „ri" = hochspringen mit einbeinigem Absprung, „na" = Landung auf beiden Füßen).
Wir versuchen, herauszufinden, wie viele „Teile" (Silben) die Namen aller Kinder haben und wie sie in Bewegung umgesetzt werden können. Zu jeder Silbe kann z. B. ein Sprung oder ein Schritt ausgeführt werden.

Alle Kinder, deren Namen mit zwei Sprüngen darzustellen sind, dürfen dann einmal gemeinsam springen. Danach sind alle diejenigen dran, die drei Sprünge benötigen usw.

Experimente mit der Stimme
Wir probieren aus, was unsere Stimme alles kann:

Flüstern, schreien, singen, sprechen, brummen, summen, mit der Zunge schnalzen.

Anregungen zur Praxis

Ein Kind ahmt die Laute eines Tieres nach, die anderen versuchen herauszufinden, um welche Tiere es sich handelt. Anschließend probieren sie die Bewegungen des Tieres zusammen mit den Tierlauten aus.

Beispiele

- Lang gezogenes Muh = behäbige Kühe
- Pfeifen und flöten = flatternde Vögel
- Schrilles Kläffen = hin- und herspringender Dackel
- Tiefes Quaken = hüpfender Frosch

Klanginstrumente und Geräuschmaterialien

Wir probieren verschiedene Rhythmusinstrumente aus: Trommeln, Rasseln und Klangstäbe.

Jedes Kind darf sich ein Instrument aussuchen und den anderen zeigen, welche Töne und Klänge es darauf erzeugen kann.
Auf den Instrumenten kann man ganz wilden Krach machen, man kann aber auch ganz leise auf ihnen spielen.

Wir sammeln andere Materialien und Gegenstände, auf denen man Geräusche und Töne erzeugen kann:

- Waschmitteltonnen aus Pappe, die man als Trommeln benutzen kann.
- Blechdosen (Konserven, Marmeladeneimer usw.) in unterschiedlichen Größen, die mit der Öffnung nach unten aufgestellt werden und ebenfalls als Trommel oder als „Schlagzeug" dienen; ein Stock oder ein Löffel wird dabei als Schlaginstrument eingesetzt.
- Schellenbänder können hergestellt werden aus einem breiten Gummiband, an das mehrere Glöckchen genäht sind.
- Als Klanghölzer dienen zwei Bambusrohrstangen, die aneinander geschlagen werden.
- Zwei Topfdeckel, die an den Griffen festgehalten und aneinander geschlagen werden.

Sport und Spiel im Kindergarten

- ◆ Gläser mit Schraubverschluss, die zu einem Drittel mit Erbsen, Reis oder Kieselsteinen gefüllt sind, eignen sich als Rasseln.
- ◆ Gläser werden unterschiedlich hoch mit Wasser gefüllt; durch Anschlagen mit einem Löffel kann man auf ihnen verschieden hohe Töne erzeugen.

Unterscheiden der Tonhöhen
Wir probieren alle „Instrumente" aus und suchen die heraus, die hohe, helle Töne erzeugen.

Welche Gegenstände haben dagegen dumpfe, tiefe Klänge und Geräusche?

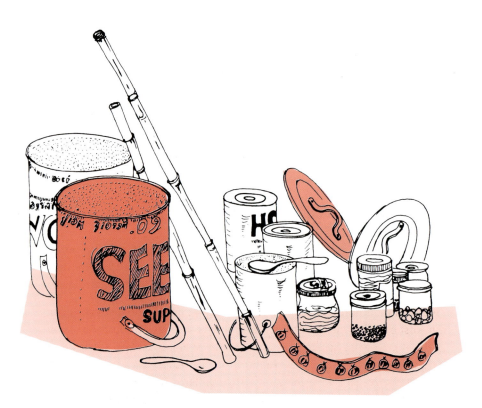

Anregungen zur Praxis

Töne und Geräusche voneinander differenzieren
Die Erzieherin erzeugt mit den Materialien unterschiedliche Geräusche. Die Kinder schließen die Augen und versuchen, die Geräusche den Gegenständen zuzuordnen.

Nicht nur die Gegenstände sollen erkannt werden, sondern auch die Art und Weise, wie mit ihnen Geräusche erzeugt wurden (mit den Fingerkuppen auf die Blechdosen trommeln, mit den Handflächen auf die Waschmitteltonne schlagen, die Schellenbänder auf den Boden fallen lassen usw.).

„Das klappernde Gespenst"
Zwei Kinder improvisieren mit den Klang- und Geräuschmaterialien, der Rest der Gruppe findet dazu entsprechende Bewegungsmöglichkeiten. Hilfreich ist es hierbei, auf konkrete Vorstellungsbilder zurückzugreifen, die die Kinder sowohl zu Klang- und Geräuschvariationen als auch zu fantasievollen Bewegungen herausfordern (z. B. Darstellen von Schlossgespenstern mit rasselnden Ketten, von klappernden Traktoren usw.).

Sport und Spiel im Kindergarten

Frage-Antwort-Spiel
Die Erzieherin gibt auf einer Trommel einen Rhythmus vor; die Kinder versuchen, die Klangimpulse durch Klatschen und Stampfen auf den Boden oder durch Spiel auf ihren Instrumenten wiederzugeben.

Wenn dieses Wechselspiel gelingt, können die Kinder auch dazu aufgefordert werden, den Rhythmus nicht nur zu wiederholen, sondern zu versuchen, eine „Antwort" auf die von der Erzieherin gestellte „Frage" zu geben.

Anregungen zur Praxis ••••••••••••••••••••••••••••••••••

Musik und Bewegungsimprovisation

Musik: Makkaroni (aus: „Pfeifer Tim und andere Tanzlieder für Kinder")
Der Wechsel zwischen Textstrophen und instrumentalen Zwischenspielen kann durch verschiedenartige Bewegungsformen sichtbar gemacht werden (z. B. Wechsel von Hüpfen und Gehen).

Das Hüpfen kann durch Drehungen, Richtungsänderungen und unterschiedliche Raumwege verändert werden.

Musik: Sascha (aus: „Pfeifer Tim und andere Tanzlieder für Kinder")
Zunächst kann der Rhythmus mitgeklatscht oder mitgestampft werden. Folgende Bewegungsmöglichkeiten sind geeignet: Federungen auf der Stelle oder in der Vorwärtsbewegung, dabei die Beine hochwerfen, die Arme vor der Brust verschränken oder in die Hüfte stützen (russischer Tanz), mit den Fußsohlen auf den Boden stampfen, in der Hocke federn und abwechselnd das rechte und linke Bein nach vorne strecken, allein oder zu Paaren tanzen.

Musik: Tanz Maruschka (aus: „Tanzlieder für Kinder")
Den gesungenen Teil mit Laufen und Federn in verschiedenen Raumwegen und Richtungsformen ausgestalten, den Instrumentalteil durch Klatschen begleiten. Verschiedene Arten des Klatschens herausfinden: über dem Kopf in die Hände klatschen, auf Körperteile (Oberschenkel) klatschen, auf den Boden klatschen usw.

Musik: Ponypferdchen (aus: „Tanzlieder für Kinder")
Verschiedene Formen des Hüpfens und Galoppierens ausprobieren: vorwärts hüpfen, rückwärts hüpfen, Hüpfen mit Drehungen, Seitgalopp nach rechts und links, Galopphüpfer mit Hochziehen der Knie (Pferdchensprünge).
    Wechsel zwischen freiem Bewegen und der Kreisform:

Zum gesungenen Teil frei im Raum hüpfen, beim Einsetzen des instrumentalen Teils zum Kreis zusammenkommen und in Kreisaufstellung weiterhüpfen.

Sport und Spiel im Kindergarten

Variation:
Jeweils zwei Kinder spielen Kutscher und Pferdchen. Dem Pferdchen werden Zügel umgelegt (ein Seil wird so um den Hals gelegt, dass die Enden vor dem Körper herunterhängen; sie werden dann unter den Armen nach hinten gezogen), mit deren Hilfe der Kutscher das Pferdchen lenken kann. Beide gehen, laufen oder galoppieren gemeinsam durch den Raum.

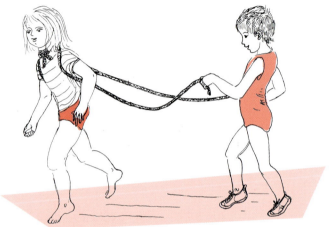

Zirkustiere
Musik: *Tierzirkus*. In einem Zirkus treten verschiedene Tiere auf. Das Besondere daran ist, dass die Tiere zur Musik tanzen.

Zuerst kommen die Elefanten (schwerfällige, stampfende Schritte, eventuell kann mit einem Arm auch der Rüssel dargestellt werden; mit dem Rüssel winken einige Elefanten den Zuschauern zu).

Dann kommen die Affen hereingestürmt. Sie hüpfen wild herum und klettern auch auf im Raum befindliche Gegenstände (hängen sich an die Sprossenwand usw.).
   Die Pferde galoppieren durch die Zirkusarena, sie wiehern dabei und zeigen sogar Kunststücke, indem sie sich beim Galoppieren drehen.
   Die Bären sind richtige „Tanzbären", sie können auf zwei Beinen tanzen und wiegen sich mit langsamen und schwerfälligen Bewegungen im Rhythmus der Musik.

Anregungen zur Praxis

Zum Schluss kommen die Tiger dran. Sie schleichen sich auf allen vieren aneinander heran, fauchen sich gegenseitig wütend an und rollen sich zur Seite.

Zunächst probieren alle Kinder gemeinsam die jeweiligen Tiere aus. Dann sucht sich jedes Kind aus, welches Tier es spielen möchte. Die Tiergruppen treten nun nacheinander mit der entsprechenden Musikbegleitung im Zirkus auf. Jede Gruppe ist so lange dran, wie „ihre" Musik zu hören ist.

Die Kinder, die noch nicht dran sind, sitzen als Zuschauer um sie herum.

Indianertänze
Musikvorschlag: *Siegestanz* (aus: „Indianertänze". Siehe Musik: Tierzirkus.) Wir spielen Indianer, die um ein Feuer herumtanzen. Sie stampfen dabei mit den Füßen auf den Boden und versuchen, den Rhythmus der Trommeln mit dem Körper wiederzugeben.

„Ein Gummiball tanzt"
Musik: *Das Flummilied* (aus „Und weiter geht's im Sauseschritt"). Ein „Flummi" ist ein kleiner Ball aus Gummi, der hoch in die Luft fliegt, wenn er auf den Boden geprellt wird.

Wir stellen mit unserem Körper einen solchen Gummiball dar: Wir springen z. B. mal auf dem rechten, mal auf dem linken Bein, hüpfen auf beiden Beinen und schütteln dabei die Arme aus. Der Ball kann auch über den Boden rollen (sich klein machen und mit den Armen die Beine umfassen, in verschiedene Richtungen rollen) oder kann auch einfach auf dem Boden liegen bleiben und sich ausruhen.

Weitere Spielideen und Tanzbeispiele für Kinder im Kindergartenalter sind zusammengestellt in: MEUSEL, 2001; SEIPPEL, 2000; HIRLER, 2001; ZIMMER & VAHLE, 2000 und ZIMMER, CLAUSMEYER & VOGES, 2000.

Sport und Spiel im Kindergarten

3.9 Spiele im Wasser

*– Planschen und Spritzen,
Gleiten und Treiben,
Toben und Tauchen. –*

Bewegung im Wasser vermittelt Kindern ganz besondere sinnliche und körperliche Erfahrungen: Die Haut empfängt auf Grund der Temperatur des Wassers intensive Kälte- und Wärmereize, die Lage des Körpers im Wasser führt zur Sensibilisierung des Gleichgewichtssystems, der Wasserwiderstand bei allen Bewegungen regt das Wachstum der Muskulatur an. Regelmäßiger Aufenthalt im Wasser trägt auch zur Abhärtung des Kindes und zur Widerstandsfähigkeit gegen Infektionskrankheiten bei.

Wenn im Kindergarten die Gelegenheit besteht, ein Schwimmbad aufzusuchen oder das Lehrschwimmbecken einer nahe gelegenen Schule zu benutzen, sollte dies zumindest für einen begrenzten Zeitraum genutzt werden. Ziel des regelmäßigen Badens und Spielens im Wasser ist dabei nicht das Schwimmenlernen, sondern vielmehr das Vertrautwerden mit dem ungewohnten Medium. Im Vordergrund steht hier der Gewinn neuer, vielfältiger Erfahrungen, die sowohl den eigenen Körper als auch die materiale Umwelt einschließen.

Vertrautheit mit dem Wasser ist Voraussetzung für das Schwimmenlernen. Die folgenden Spielvorschläge dienen in erster Linie der Gewöhnung an das Wasser und beinhalten vor allem lustige, erlebnisreiche Spielideen. Diese tragen auch dazu bei, dass die Kinder Erfahrungen mit den wesentlichen Eigenschaften des Wassers wie z. B. dem Widerstand, der Auftriebskraft und dem Wasserdruck machen. Zunächst sollten die Kinder Sicherheit im Wasser erlangen, das Beherrschen einer Schwimmtechnik wird danach nur noch wenig Zeit in Anspruch nehmen.

Beim Besuch eines Schwimmbades sollten immer zwei Erzieherinnen die Gruppe begleiten. Dies ist sowohl aus Sicherheitsgründen als auch aus organisatorischen Gründen sinnvoll.

Anregungen zur Praxis

Mindestens eine Erzieherin sollte auch mit den Kindern ins Wasser gehen, sodass sie sich unmittelbar an den Spielformen beteiligen und darüber hinaus aber auch Hilfe und Unterstützung geben kann, sofern dies nötig ist.

Für die ersten Begegnungen mit dem Wasser ist ein Plansch- oder Lehrschwimmbecken mit einer Tiefe von 40-60 cm geeignet; höhenverstellbare Becken ermöglichen die individuelle Anpassung der Wassertiefe an die jeweilige Aufgabenstellung und die Lernvoraussetzungen der Kinder.

Je nach Wassertemperatur sollte der Aufenthalt im Wasser zunächst eine halbe Stunde nicht übersteigen. Um dem Kälteeinfluss entgegenzuwirken, ist ein laufendes Sichbewegen im Wasser hilfreich.

Die Verwendung von Auftriebshilfen (Schwimmflügel, Schwimmgürtel) ist bei der angegebenen Wassertiefe nicht erforderlich, sie würden die Erfahrungen der spezifischen Eigenschaften des Wassers zudem negativ beeinflussen.

Bewegungsspiele im Wasser

„Spritzschlacht"

Die Kinder setzen sich auf den Beckenrand oder auf eine Treppenstufe und planschen mit den Beinen im Wasser. Die Beine werden dabei so kräftig auf- und abbewegt, dass das Wasser spritzt.

Sport und Spiel im Kindergarten

„Wasserschlange"
Im Wasser fassen alle sich an den Händen, sodass eine lange Schlange entsteht. Die Schlange geht nun durch das Wasser und macht dabei viele Kurven, Kreise und „Schlangenlinien".

Ab und zu taucht sie auch so tief unter, dass nur noch die Köpfe der Kinder zu sehen sind.

„Wassertiere"
Die Kinder verwandeln sich in Tiere, die im oder am Wasser leben: Ein Frosch hüpft z. B. durch das Schwimmbecken und quakt dabei laut, ein Fisch zappelt im Wasser, ein Storch stolziert mit langen Beinen am Wasserrand entlang.

„Waschanlage"
Die Kinder stehen sich in zwei Reihen gegenüber, sodass zwischen ihnen eine Gasse entsteht. Die Kinder stellen eine Autowaschanlage dar. Die Kinder spielen Autos, jeweils ein „Auto" darf durch die Waschanlage fahren und wird von den anderen bespritzt und mit einem weichen Schwamm abgewaschen.

„Waschen ohne Hände"
Im Wasser kann man sich auch waschen, ohne die Hände zu benutzen. Bei manchen Kindern taucht nur die Nase ins Wasser, andere schütteln das ganze Gesicht über die Wasseroberfläche.

Wir fassen uns an den Händen und bilden einen großen Kreis. Versucht auch jetzt, euer Gesicht zu „waschen", ohne die Hände des Nachbarn loszulassen.

„Badetag"
Die Kinder stehen im Kreis und haben die Hände gefasst. Sie rufen die Tage der Woche: „Montag, Dienstag, Mittwoch" usw. und springen bei jedem Wochentag auf und ab; am Samstag ist Badetag, dann tauchen sie unter Wasser.

Fangspiel
Die Erzieherin fängt die Kinder. Wer das Gesicht aufs Wasser legt oder ganz untertaucht, darf nicht abgeschlagen werden.

Anregungen zur Praxis

„Tunneltauchen"
Eine Zauberschnur wird quer durch das Becken gespannt. Wir versuchen, unter der Schnur durchzugehen. Die Schnur wird immer tiefer gehalten, bis sie auf der Wasseroberfläche aufliegt.

„Kanaltauchen"
Ein Reifen wird aufrecht ins Wasser gestellt. Versucht, durch den Reifen hindurchzugehen.
Wenn zwei Reifen mit etwas Abstand ins Wasser gestellt werden, entsteht ein kleiner Kanal, durch den man hindurchtauchen kann.

„Delfinspringen"
Wir spielen einen Delfin, der durch einen waagerecht über die Wasseroberfläche gehaltenen Reifen taucht. Der Delfin springt in den Reifen hinein und taucht außerhalb des Reifens wieder auf.

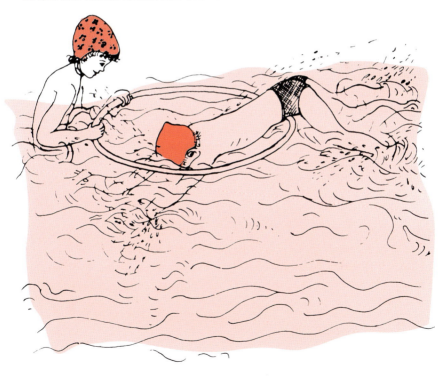

Sport und Spiel im Kindergarten

„Hangeln"
Wir hangeln uns an der Überlaufrinne des Schwimmbeckens entlang und versuchen dabei, die Beine möglichst vom Boden abzuheben.

„Sonnenrad"
Die Kinder stehen im Kreis und haben die Hände gefasst. Jeder Zweite darf sich auf den Rücken legen, die Beine zeigen in die Kreismitte. So entsteht eine große Sonne oder ein Rad. Das Rad kann auch in Bewegung versetzt werden, wenn alle stehenden Kinder im Kreis gehen. Danach wird gewechselt.

„Abschleppen"
Zwei Kinder halten einen Stab zwischen sich. Ein drittes Kind hängt sich mit den Händen an den Stab und wird nun durch das Wasser gezogen. Die Arme sollen dabei möglichst ausgestreckt werden.

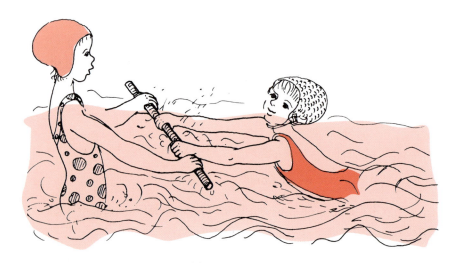

Anregungen zur Praxis

„Einen Schatz versenken"
Ein dicker Luftballon oder ein Wasserball stellen einen kostbaren Schatz dar, der unter Wasser versteckt werden soll. Gelingt es, den Ball unter Wasser zu bringen?

„Tischtennisballpusten"
Ein Tischtennisball wird über die Wasseroberfläche gepustet. Der Ball kann auch in einen Plastikreifen gelegt werden. Mehrere Kinder stehen um den Reifen herum und versuchen, den Ball wegzupusten, sodass er den Rand möglichst nicht an der Stelle berührt, an der sie stehen.

„Schätze sammeln"
Viele gut sichtbare Gegenstände (Gummiringe, sinkendes Spielzeug) werden ins Wasser geworfen. Die Kinder spielen, dass es Teile eines kostbaren Schatzes sind, die vom Meeresgrund geborgen werden sollen. Sie können die Schätze entweder mit den Füßen hervorholen oder versuchen, sie mit den Händen zu erreichen. Die Gegenstände werden in einen am Beckenrand stehenden Eimer gebracht.

„Fischer, wie tief ist das Wasser?"
Ein Kind steht an der einen Seite des Beckens, es spielt den „Fischer", der die anderen fangen soll. Alle anderen Kinder befinden sich auf der gegenüberliegenden Seite. Sie rufen:

„Fischer, Fischer, wie tief ist das Wasser?"

Der Fischer antwortet: „10 m" (oder andere beliebige Entfernung).

Gruppe: „Wie kommen wir hinüber?"

Fischer: „Durch Hüpfen auf einem Bein" (oder andere Fortbewegungsformen).

Die Kinder versuchen, in der vorgegebenen Bewegungsform auf die gegenüberliegende Seite des Beckens zu gelangen. Wer vom Fischer abgeschlagen wird, muss ihm beim nächsten Spieldurchgang beim Fangen helfen.

Sport und Spiel im Kindergarten

Gestaltung von Bewegungsstunden

4 ZUR PLANUNG UND PRAKTISCHEN GESTALTUNG VON BEWEGUNGSSTUNDEN

4.1 Offene Bewegungsangebote und geplante Übungsstunden

Im Kindergarten sollte es an jedem Tag freie Bewegungsangebote geben, die sich an den situativen Bedürfnissen der Kinder orientieren und zum größten Teil auch von ihnen selbst gesteuert werden. Diese offenen Angebote können z. B. in das Freispiel der Kinder integriert sein oder gruppenübergreifend als „offenes Angebot" allen interessierten Kindern offen stehen.

Hierbei ist es weder erforderlich, dass die Kinder die Kleidung wechseln, noch muss in jedem Fall ein spezieller Bewegungs- oder Gymnastikraum aufgesucht werden. Sowohl im Gruppenraum als auch auf den Freiflächen des Kindergartens gibt es die Möglichkeit, Bewegungsspiele zu organisieren oder durch Geräte und Material Bewegungsgelegenheiten bereitzustellen (vgl. ZIMMER, 1999a).

Solche offenen Bewegungsangebote sind mehr vom Gerätearrangement und den organisatorischen Rahmenbedingungen vorbereitet als dass sie in ihrem Verlauf und ihren Inhalten von der Erzieherin vorgegeben und geplant sind.

Da die freien Bewegungsgelegenheiten meist sehr zufallsabhängig sind, besteht – ohne dass dies beabsichtigt ist – allerdings leicht die Gefahr, dass sie bei organisatorischen Engpässen wegfallen oder aber nur die Kinder erreichen, die sich in Bewegungssituationen sicher fühlen und sich bereits viel zutrauen. Daher ist es sinnvoll und wichtig, neben den alltäglichen situativen Bewegungsmöglichkeiten mindestens einmal wöchentlich eine **regelmäßige Bewegungszeit** für jede Gruppe durchzuführen.

Sport und Spiel im Kindergarten

Hier sollte die Erzieherin zwar ebenso auf die Bedürfnisse und Interessen der Kinder eingehen, diese Bewegungszeiten sind jedoch stärker geplant und enthalten auch Phasen und Abschnitte, in denen ein stärker gelenktes Vorgehen angebracht ist.

Solche regelmäßigen Bewegungszeiten werden im Kindergarten meistens als „Turnstunde" bezeichnet. Sie dauern in der Regel ca. 30 Minuten und werden – je nach personellen und räumlichen Voraussetzungen – mit der gesamten Gruppe oder in zwei Teilen jeweils mit der Hälfte der Gruppe durchgeführt.

Im folgenden Abschnitt sollen einige grundsätzliche Überlegungen zur Planung und Gestaltung der Praxis der Bewegungserziehung getroffen und anhand zweier Beispiele die konkrete Vorgehensweise bei einer solchen „Bewegungsstunde" verdeutlicht werden.

4.2   Planung und Offenheit – ein Gegensatz?

Erster Ansatzpunkt für die Planung von Bewegungsangeboten sollte die Überlegung sein, welche Wünsche die Kinder haben, was ihren Bewegungsbedürfnissen entspricht und wie ihre Spiel- und Bewegungserfahrungen erweitert werden können.

Je größer der Spielraum für die Mitgestaltung der Bewegungsstunde durch die Kinder ist, umso schwieriger wird die vorherige Festlegung der Inhalte und methodischen Maßnahmen. Eine starre Planung würde vor allem der bereits im einleitenden Kapitel betonten didaktischen Intention, die Kinder am Prozess der Gestaltung zu beteiligen und für spontane Einfälle und Ideen offen zu sein, zuwiderlaufen. Planung und Situationsoffenheit stehen jedoch nur auf den ersten Blick im Widerspruch zueinander. Offen für die Bedürfnisse und Interessen der Kinder zu sein, bedeutet nämlich keinesfalls, dass die Erzieherin keine konkreten Vorstellungen vom Verlauf der Übungsstunde hat und sich allein von der eben angetroffenen Situation inspirieren lässt. Planung ist hier nicht überflüssig, bleibt aber flexibel und offen für die angetroffenen Bedingungen und kann – wenn erforderlich – auch verändert werden.

Gestaltung von Bewegungsstunden ••••••••••••••••••••••

Die Planung orientiert sich vor allem an der **individuellen Lebenssituation der Kinder**, an den Besonderheit ihrer Entwicklung und den sozialen Voraussetzungen in der Gruppe.

Bezugspunkte der Planung liegen sowohl in der **aktuellen Gruppensituation** (z. B. Aufgreifen besonders beliebter Spielideen, aber auch problematische Verhaltensweisen einzelner Kinder, die u. U. in Bewegungssituationen gut aufgefangen werden können), als auch in dem **Ziel, die Erweiterung der Handlungsfähigkeit der Kinder zu unterstützen**.

Schwerpunkte der Bewegungsstunde, Geräteauswahl und erste Spielideen sollten von der Erzieherin vorüberlegt und vorbereitet sein. Nur eine Erzieherin, die selbst über ein großes Repertoire an Übungs- und Spielideen verfügt, kann die Gelassenheit und Souveränität aufbringen, die Kinder zum Experimentieren, zu Eigeninitiative und Aktivität herauszufordern. Nur mit dieser Voraussetzung kann sie die Spontaneität der Kinder fördern, ohne Angst zu haben, die Übersicht zu verlieren.

4.3   Aufbau und zeitliche Gliederung

Die im Schulsport übliche Dreigliederung der Bewegungsstunden in einen „Einleitungs-", einen „Haupt-" und einen „Schlussteil" sollte nicht einfach für die Bewegungsangebote im Kindergarten übernommen werden. Hier gilt es vielmehr, die noch relativ kurzen Aufmerksamkeitsspannen in die Planung einzubeziehen und in einer Übungsstunde mehrere inhaltliche Schwerpunkte zu berücksichtigen. Es ist zwar durchaus sinnvoll, die Bewegungsstunde mit einer bewegungsintensiveren Spielidee zu beginnen und eventuell mit einem gemeinsamen Spiel oder einer Entspannungsphase abzuschließen, genausogut können jedoch unterschiedliche Geräte die Schwerpunkte einer Bewegungseinheit bilden. Wichtig sind vor allem Wechsel von Phasen des freien Ausprobierens und Spielens mit Phasen angeleiteten Übens und der Auseinandersetzung mit konkreten Bewegungsanforderungen.

   In den folgenden „Stundenbeispielen" sollen diese Überlegungen näher beschrieben und mit praktischen Beispielen versehen werden.

Sport und Spiel im Kindergarten

4.4 Beispiel für die Gestaltung einer Bewegungsstunde

Thema: Spiel mit dem Gleichgewicht

Material

1. Bunte Sandsäckchen (entsprechend der Anzahl der Kinder). Die Sandsäckchen können entweder selbst hergestellt werden (ca. 0,5 kg Sand, Reis oder kleine Kieselsteine in einen 20 x 15 cm großen Stoffsack füllen) oder sind in verschiedenen Farben im Spiel- und Sportgerätehandel erhältlich.
2. Verschiedene Geräte, die zum Bauen geeignet sind: Bänke, kleine Kästen, Getränkekisten, Bretter, Matten, Schaumstoffwürfel u. Ä.

Inhalte	Didaktisch-methodische Hinweise
1. Freies Spielen mit dem Sandsäckchen Jedes Kind erhält ein Säckchen und probiert aus, was es damit machen kann. Die Erzieherin geht auf einzelne Spielideen der Kinder ein, gibt Impulse, indem sie die Vorschläge an die gesamte Gruppe weitergibt und z. B. dazu auffordert, das Sandsäckchen ♦ auf einzelnen Körperteilen zu balancieren (wie und wo lässt es sich tragen, ohne dass man es festhalten muss?). ♦ hochzuwerfen (und vielleicht versuchen, es auch wieder aufzufangen).	Das freie Spielen soll den Kindern das Kennenlernen des Materials und die individuelle Auseinandersetzung mit dem Bewegungsgerät ermöglichen. Die Erzieherin hat ebenfalls ein Sandsäckchen und beteiligt sich am Spiel. So kann sie – ohne zu dominant und steuernd zu wirken – Ideen und Einfälle der Kinder verstärken, indem sie sie selbst ausprobiert oder andere auf die gefundenen Möglichkeiten aufmerksam macht. Die Impulse sind nicht als Aufforderung zum Nachahmen formuliert, sondern als Aufforderung zum Ausprobieren.

Gestaltung von Bewegungsstunden

Inhalte	Didaktisch-methodische Hinweise
◆ auf einem Fuß zu tragen und dabei durch den Raum zu hüpfen. ◆ mit dem Fuß hochzuwerfen (und mit den Händen wieder aufzufangen). ◆ auf den Kopf zu legen und damit durch den Raum zu spazieren; sich mit dem Sandsäckchen auf dem Kopf hinzusetzen und sogar wieder aufzustehen. ◆ auf den Boden zu legen und sich darauf zu stellen (kann man auch auf nur einem Bein darauf balancieren?).	Die gefundenen Spiel- und Bewegungsmöglichkeiten sind weniger Übungen, die der Reihe nach absolviert werden sollen, sondern Kunststücke, bei denen man das Gelingen nie ganz voraussehen kann. Beim Balancieren der Sandsäckchen machen die Kinder erste Erfahrungen mit dem Gleichgewicht. „Objekte auf dem Körper balancieren" und „sich selbst auf Objekten im Gleichgewicht halten" stellen verschiedene Variationen der Gleichgewichtsspiele dar.
Das Sandsäckchen wird zu einem schweren und großen Sack, der nur noch auf dem Rücken durch den Raum geschleppt werden kann.	Die Spielidee „schwere Sandsäcke transportieren" leitet über in den zweiten Teil der Bewegungsstunde. Das Einbinden des Geräts in komplexere Spielsituationen regt die Fantasie der Kinder an. Sie deuten die Spielsituationen nach ihren Vorstellungen und finden damit auch neue Handlungsmöglichkeiten mit dem Gerät.

Sport und Spiel im Kindergarten

Inhalte	Didaktisch-methodische Hinweise
2. Baustelle Die Erzieherin bespricht mit den Kindern, wo sie schon einmal schwere Säcke gesehen haben, was in den Säcken war, wie sie transportiert werden usw. 　Beispiel: Säcke mit Zement oder Sand werden auf einer Baustelle verwendet. 　Wir machen aus dem Bewegungsraum eine Baustelle: Hier gibt es: ◆ Brücken, die über einen Graben führen (umgedrehte Bänke oder Bretter, die auf Getränkekisten gelegt werden). ◆ Ein Förderband (Bank, die an einer Sprossenwand eingehängt ist, darauf liegt eine Teppichfliese). ◆ Ein großes Rohr (drei Reifen, in die eine Matte gelegt wird, sodass ein Tunnel entsteht). ◆ Wackelige Bretter (Bretter in verschiedenen Längen und Breiten, die auf einem Stab liegen). ◆ Große Steinpakete (Schaumstoffblöcke oder kleine Kästen usw.)	Die Kinder sollen selbstständig Ideen entwickeln, was auf einer Baustelle zu finden ist und wie die Geräte hierfür aufgebaut werden können. 　Die Erzieherin hilft dort, wo sich Probleme beim Aufbau und der Kombination der Geräte ergeben und greift dann ein, wenn die Sicherheit gefährdet ist. Sie bringt aber auch eigene Ideen ein, die das Spiel bereichern und neue Verwendungsmöglichkeiten der Geräte eröffnen (z. B. „Rohrbau"). 　Beim Geräteaufbau sollten vor allem Situationen geschaffen werden, die Anforderungen an den Gleichgewichtssinn stellen: schmale bzw. vom Boden erhöhte Geräte oder solche, die eine instabile Auflagefläche haben (Wackelbretter).

Gestaltung von Bewegungsstunden

Inhalte	Didaktisch-methodische Hinweise
Die Bauarbeiter müssen ihre Baustelle zuerst einmal kennen lernen und probieren aus, wie man über die Brücken und Wackelbretter gehen kann, ohne herunterzufallen und wie man durch das Rohr kriechen oder über die Steinpakete hinwegsteigen kann. „Sandsäcke" werden nun über die Baustelle transportiert. Auf dem Förderband können sich die „Bauarbeiter" selbst transportieren lassen (hinaufziehen oder herunterrutschen). Welche weiteren Materialien eignen sich noch zum Transportieren (Schaumstoffwürfel, dicke Bälle und Luftballons)? Gibt es außer dem Tragen weitere Transportmöglichkeiten? (Bälle werden über die Bretter und durch das Rohr hindurchgerollt usw.) Die Baustelle wird abschließend von allen „Bauarbeitern" gemeinsam abgebaut.	Beim Ausprobieren der Bewegungsmöglichkeiten an den Geräten kann sich jedes Kind den Schwierigkeitsgrad selbst aussuchen. „Balancieren mit etwas auf etwas" stellt erhöhte Anforderungen an den Gleichgewichtssinn der Kinder. Diese Spielidee kann von den Kindern weiterentwickelt werden, indem andere Materialien über die Geräte hinweg transportiert, getragen oder gerollt werden! (Die Anzahl der Geräte sollte allerdings begrenzt werden, damit sie für die Kinder überschaubar bleibt.) Der Geräteauf- und -abbau ist wichtiger Bestandteil der Bewegungsstunde und sollte immer gemeinsam mit den Kindern vorgenommen werden. Durch das Tragen, Schieben und Heben der Geräte werden nicht nur motorische Fähigkeiten angesprochen, sondern auch soziale Anforderungen (gemeinsames Handeln, weniger beliebte Tätigkeiten übernehmen usw.) gestellt.

Sport und Spiel im Kindergarten

Dieses Beispiel für den Ablauf einer Bewegungsstunde stellt ein Thema, das „Spiel mit dem Gleichgewicht", in den Vordergrund.

Dieses Thema wird mit unterschiedlichen Geräten und Materialien und in Form verschiedener Spielideen immer wieder aufgegriffen.

Die Verbindung ergab sich hier aus der Nähe des im ersten Teil verwendeten Materials (Sandsäckchen) und der anschließenden Spielidee „Baustelle". Diese Kombination stellt eine für die Kinder einsichtige und sinnvolle Einheit dar, ein solches Vorgehen ist jedoch nicht auch für andere Bewegungsstunden zwingend. Ebensogut können im ersten Stundenteil bewegungsintensive Lauf- und Bewegungsspiele mit der gesamten Gruppe durchgeführt werden, um daran anschließend ein Gerät oder bestimmte Materialien zu erproben.

Es gibt zwar kein situationsunabhängiges Schema für die Planung und Gestaltung von Bewegungsstunden im Kindergarten, wichtig scheint jedoch das **Ineinandergreifen von selbstständigem, selbstgesteuertem Ausprobieren** und Spielen der Kinder und behutsamen, **einfühlsamen Lenkungsmaßnahmen durch die Erzieherin**.

In jeder Phase der Bewegungsstunde ist es wichtig, dass die Erzieherin die Ideen und Einfälle der Kinder wahrnimmt und auch ernst nimmt. Sie sollte immer versuchen, auf sie einzugehen und sie in ihre eigenen Überlegungen einzubeziehen. Die Kinder sollten spüren, dass es tatsächlich ihre Stunde ist und sie selbst auch Einfluss auf ihren Verlauf nehmen können.
   Um eigene Ideen entwickeln zu können, brauchen Kinder allerdings Zeit, d. h., dass die Erzieherin sich darin üben sollte, nicht vorschnell Ratschläge zu erteilen und Hinweise zu geben.

Die Bewegungsstunden müssen grundsätzlich offen sein für das, was Kinder an Ideen und Bedürfnissen äußern. Die zuvor beschriebenen Inhalte und Beispiele sollten daher auch nur als Anregung aufgefasst werden, die zwar exemplarischen Charakter haben, in der Realität jedoch immer auf die individuelle Situation der Kinder abgestimmt werden müssen.

5 LITERATUR

AWO Landesverband Thüringen e. V. (Hrsg.). (1997). Gelebte Psychomotorik im Kindergarten. Schorndorf: Hofmann.
BÄRWINKEL, A. u. a. (1994). Bewegungsspiele mit Kindern. Weinheim: Beltz.
BEINS, J. & COX, S. (2001). „Die spielen ja nur!?". Psychomotorik in der Kindergartenpraxis. Dortmund: Borgmann.
BEUDELS, W., LENSING-CONRADY, R. & BEINS, H. J. (1994). Das ist für mich ein Kinderspiel. Dortmund: Borgmann.
BEUDELS, W., KLEINZ, N. & DELKER, K. (Hrsg.). (1998). Außer Rand und Band. WenigKostenVielSpaßGeschichten. Dortmund: Borgmann.
BIERMANN, I. (1999). Spiele zur Wahrnehmungsförderung. Freiburg: Herder.
BLUMENTHAL, E. (1986). Bewegungsspiele für Vorschulkinder. Schorndorf: Hofmann.
BREM, C. (1999). Sinneserlebnisse. Mit Kindern die sinnliche Wahrnehmung entdecken. Donauwörth: Auer.
CLAUSMEYER, I. (1991). Gebundene Tanzformen – Internationale Kindertänze. In R. ZIMMER (Hrsg.), *Spielformen des Tanzens*. Dortmund: Modernes Lernen.
DEUTSCHE SPORTJUGEND (Hrsg.). (1979). Zur Situation der Bewegungserziehung in Kindergarten und Verein. Frankfurt.
DEUTSCHE SPORTJUGEND (Hrsg.). (1983). Frühkindliche Bewegungserziehung. Frankfurt .
DEUTSCHE SPORTJUGEND (Hrsg.). (1985). Bewegungserziehung für 0-6-Jährige. Frankfurt.
DEUTSCHER TURNER-BUND (Hrsg.). (1984). Kinderturnen. München: BLV.
DIEM, L. (1973). Sport für Kinder. München.
DIEM, L. (1980). Spiel und Sport im Kindergarten. München: Kösel.
EHNI, H. u. a. (1982). Kinderwelt – Bewegungswelt. Seelze: Friedrich.
EHNI, H., KRETSCHMER, J. & SCHERLER, K. (1985). Spiel und Sport mit Kindern. Reinbek: Rowohlt.
ERKERT, A. (2001). Bewegungsspiele für Kinder. München: Don Bosco.
FALKENBERG, G. (1990). Gefühl bis in die Fingerspitzen. Offenbach: Burckhardhaus – Laetare.

Sport und Spiel im Kindergarten

FINK-KLEIN, W., PETER-FÜHRE, S. & REICHMANN, I. (1987). Rhythmik im Kindergarten. Freiburg: Herder.
GASS-TUTT, A. (1989). Fröhliches Tanzen im Kindergarten. Freiburg: Herder.
GRABBET, B. (1987). Laufen, Toben, Springen ... Loben. Offenbach: Burckhardhaus – Laetare.
HAHMANN, H. & ZIMMER, R. (1987). Bewegungserziehung in Kindergarten, Vorschule, Elternhaus und Verein. Bonn: Dümmler.
HAMBURGER TURNERJUGEND (Hrsg.). (1986). Bewegungserziehung im Vorschulalter. Heft 5, Hamburg.
HERING, W. (2001). Kunterbunte Bewegungshits. Münster: Ökotopia.
HERM, S. (1991). Psychomotorische Spiele für Kinder in Krippen und Kindergärten, Berlin: Beltz.
HERM, S. (1996). Gemeinsam spielen, lernen, wachsen. Berlin: Luchterhand .
HESS. SOZIALMINISTER (Hrsg.). (1983). Bewegung und Spiel im Kindergarten. Wiesbaden: Selbstverlag.
HIRLER, S. (2001). Kinder brauchen Musik, Spiel und Tanz. Münster: Ökotopia.
KIPHARD, E. J. (1980). Motopädagogik. Dortmund.
KIPHARD, E. J. (1987). Motopädagogik im Krippenalter. Motorik 10, 80-85.
KLEINE, W. (1998). Bewegung im Kinderzimmer. Aachen: Meyer & Meyer.
KLEINKE, C. (1991). Sprechreime und Singspiele. In R. ZIMMER (Hrsg.), Spielformen des Tanzens. Dortmund: Modernes Lernen.
KRÜGER, F.-W. (1988). Alternative Materialien für Bewegung, Spiel, Sport in Kindergarten, Heim, Hort. Praxis der Psychomotorik 2, 64-69.
KOSCHEL, D. & BRINKMANN, U. (1997). Spiel – Spaß – Sport für Kinder. Aachen: Meyer & Meyer.
KUNZ, T. (1989). Voraussetzungen und Möglichkeiten der Sicherheitserziehung im Kindergarten. Herausgeber: BAGUV. Obertshausen.
LINDNER, H. (Hrsg.). (2001). Hier bewegt sich was. Im Dschungel. Aachen: Meyer & Meyer.
LINDNER, H. (Hrsg.). (2001). Hier bewegt sich was. Allerlei Fahrzeuge. Aachen: Meyer & Meyer.

Literatur

LORENZ, K.-H. & STEIN, G. (1988). Eltern-Kind-Turnen, Bewegung und Spiel miteinander erleben. Celle: Pohl.
MEUSEL, W. (2001). Rundadinella. Tänze und Spiele zu neuen Kinderliedern. Boppard: Fidula.
MIEDZINSKI, K. (1983). Die Bewegungsbaustelle. Dortmund: Modernes Lernen.
MINISTERIUM für Arbeit, Gesundheit und Soziales (Hrsg.). (1991). Bewegungserziehung im Kindergarten. Düsseldorf.
MÖRSBERGER, H. & MOSKAL, E. & PFLUG, E. (Hrsg.). (1988). Der Kindergarten. Freiburg: Herder.
MURPHY-WITT, M. (2001). Spielerisch im Gleichgewicht. Freiburg: Christopherus.
NICKEL, U. (1990). Kinder brauchen ihren Sport. Celle: Pohl.
NIEWERTH, H. & LÜTKEBOHMERT, M. (1988). Wassergewöhnung mit Kleinkindern. Celle: Pohl.
PAULY, P. & GEBHARDT, M. (1991). Mit Kindern turnen. Niedernhausen: Falken.
PICKLER, E. (1988). Lasst mir Zeit. München.
REGEL, G. (Hrsg.). (1990). Kindgemäßes Lernen im Vorschulalter. Rissen: EBV.
REGEL, G. & WIELAND, A. (Hrsg.). (1984). Psychomotorik im Kindergarten. Rissen: EBV.
REIBER, H. (1985). Bewegungserziehung im Vorschulalter. Wetzlar.
RIZ, E. (1989). Vielseitiges Kinderturnen. Celle: Pohl.
SCHAFFNER, K. (1989). Bewegen, Spielen und Tanzen für Kinder von drei bis acht Jahren. Celle: Pohl.
SCHAFFNER, K. (1991). Die Welt ist schön. Neue Kreisspiele, Spiellieder und Tänze für drei- bis achtjährige Kinder. Celle: Pohl.
SCHAFFNER, K. (1997). Die schönsten Turnstunden für Kinder im Vor- und Grundschulalter. Celle: Pohl.
SCHEID, V. & PROHL, R. (1988). Kinder wollen sich bewegen. Dortmund: Modernes Lernen.
SCHEID, V. (1989). Bewegung und Entwicklung im Kleinkindalter. Schorndorf: Hofmann.
SCHEID, V. & PROHL, R. (1986). Die Entwicklung der frühkindlichen Motorik – ein Gemeinschaftsprojekt. *Praxis der Psychomotorik 11*, 4.

Sport und Spiel im Kindergarten

SCHERLER, K. (1975). Sensomotorische Entwicklung und materiale Erfahrung. Schorndorf: Hofmann.
SCHICK, E. M. (1981). Bewegungserziehung in der Familie. Schorndorf: Hofmann.
SCHÖNRADE, S. (2001). Kinderräume – KinderTräume. Dortmund: Borgmann.
SCHULZ, H., PFEIFFER, L. & KALB, G. (1978). Turnen und Spielen mit Musik für Kinder im Elementar- und Primarbereich. Celle.
SEIPPEL, E. (2000). Tanzen im Kindergarten. Boppard: Fidula.
STEIN, G. (1998). Kleinkinderturnen ganz groß. Aachen: Meyer & Meyer.
STÜBING, A. & TREESS, U. (1975). Sporterziehung im Vorschulalter. München: Juventa.
VOGT, W. (1975). Bewegungsförderung. Hannover: Schroedel.
VOPEL, K. (1996). Bewegungsspiele für Kinder von 3 bis 6 Jahren. Band 1: Hallo Füße! Salzhausen: Iskopress.
WEISS, K. (Hrsg.). (1984). Füße im Wind. Offenbach: Burckhardhaus - Laetare.
ZIMMER, R. & VOLKAMER, M. (1987). Motoriktest für 4-6-jährige Kinder (MOT 4-6). Weinheim: Beltz.
ZIMMER, R. (1990). Bewegung, Sport und Spiel mit Kindern. Lehr- und Lernmaterialien zur frühkindlichen Bewegungserziehung. Aachen: Meyer & Meyer.
ZIMMER, R. & CIRCUS, H. (Hrsg.). (1994). Kinder brauchen Bewegung – Brauchen Kinder Sport? Aachen: Meyer & Meyer.
ZIMMER, R. (1996). Motorik und Persönlichkeitsentwicklung bei Kindern im Vorschulalter. Schorndorf: Hofmann.
ZIMMER, R. & CIRCUS, H. (Hrsg.). (1997). Psychomotorik. Schorndorf: Hofmann.
ZIMMER, R. (1999a). Kreative Bewegungsspiele. Psychomotorische Förderung im Kindergarten. Freiburg: Herder.
ZIMMER, R. (1999c). Sinneswerkstatt. Projekte zum ganzheitlichen Leben und Lernen. Freiburg.
ZIMMER, R., CLAUSMEYER, I. & VOGES, L. (2000). Tanz – Bewegung – Musik. Situationen ganzheitlicher Erziehung im Kindergarten. Freiburg: Herder.

Literatur

ZIMMER, R. & VAHLE, F. (2000). Ping Pong Pinguin. Spiel- und Bewegungslieder zur psychomotorischen Förderung. Freiburg: Herder.

ZIMMER, R. (2000a). Handbuch zur Sinneswahrnehmung. Grundlagen einer ganzheitlichen Erziehung. Freiburg: Herder.

ZIMMER, R. (2000b). Handbuch der Psychomotorik. Theorie und Praxis der psychomotorischen Förderung von Kindern. Freiburg: Herder.

ZIMMER, R. (Hrsg.). (2000). Spielformen des Tanzens. Vom Kindertanz bis Rock 'n' Roll. Dortmund: Modernes Lernen.

ZIMMER, R. (Hrsg.). (2001). Bewegte Kindheit. Schorndorf: Hofmann.

ZIMMER, R. (2001a). Handbuch der Bewegungserziehung. Freiburg: Herder.

ZIMMER, R. (2001b). Was Kinder stark macht: Fähigkeiten wecken – Entwicklung fördern. Freiburg: Herder.

ZIMMER, R. (2001). Alles über den Bewegungskindergarten. Freiburg: Herder.

ZIMMER, R. & HUNGER, I. (2001). Kindheit in Bewegung. Schorndorf: Hofmann.

ZIMMER, R. (2002). Schafft die Stühle ab. Freiburg: Herder.

Bildnachweis

Grafiken: Roni Pruckner
Fotos (Innenteil): Professor Dr. Renate Zimmer, Osnabrück
Fotos (Umschlag): Professor Dr. Renate Zimmer, Osnabrück
Umschlaggestaltung: Birgit Engelen, Stolberg

Sport und Spiel im Kindergarten

Videofilme (VHS):

ZIMMER, R.: „Bewegung, Spiel und Sport mit Kindern"

Teil 1: Immer in Bewegung – Die Bedeutung der Bewegung für die Entwicklung des Kindes (31 Min.)
Teil 2: Ein Spielfest für Kinder (22 Min.)
Teil 3: Bewegung, Spiel und Sport mit Kindern – Ideen, Tips und Anregungen. Alltagsmaterialien und Gebrauchsgegenstände (15 Min.)
Teil 4: Großgeräte einer Turnhalle – für Kleine umfunktioniert (16 Min.)
Teil 5: Erzieher- und Übungsleiterverhalten. Diskussionsanregungen und Reflexionshilfen (21Min.)

Bezugsquelle der Filme:

Prof. Dr. Renate Zimmer
Universität Osnabrück
Sportzentrum
Jahnstr. 41
49080 Osnabrück

Tonträger MCs und CDs

JEHN, W.: Indianertänze. Eres Edition, Lilienthal/Bremen.
JÖCKER, D. & KLEIKAMP, L.: Und weiter geht's im Sauseschritt. Menschenkinder Musikverlag Münster.
Pfeifer Tim und andere Tanzlieder für Kinder. Fidula Verlag Boppard.
Tanzlieder für Kinder. Fidula Verlag Boppard.
ZIMMER, R., CLAUSMEYER, I. & VOGES, L. L.: Tanz – Bewegung – Musik. Herder Verlag Freiburg.
VAHLE, F. & ZIMMER, R.: Ping Pong Pinguin. Spiel- und Bewegungslieder zur psychomotorischen Förderung. Verlag Patmos Düsseldorf.